AI 초상권과 퍼블리시티권

AI문고

인공지능 시대입니다. 기계가 인간의 인지를 대신하고, 사물이 인간을 통하지 않고 다른 사물과 직접 커뮤니케이션합니다. 이에 따른 인간 삶과 문명 변화를 정확히 이해·예측·대응하는 것은 이 시대 우리 모두의 과제입니다. AI문고는 인공지능 기술과 환경의 여러 주제를 10가지 키워드로 정리합니다. 관련 개념과 이론, 학계와 산업계의 쟁점, 우리 일상의 변화를 다룹니다. 인간과 기술의 현재, 미래를 세심히 분석합니다.

일러두기

- 이 저서는 2025년도 건국대학교 교내연구비 지원에 의해 출간되었습니다.
- 인명, 작품명, 저서명, 개념어 등은 한글과 함께 괄호 안에 해당 국가의 원어를 병기했습니다.
- 외래어 표기는 현행 어문규정의 외래어표기법을 따랐습니다.

처음이세요?

전문가세요?

AI 초상권과 퍼블리시티권

노현숙

대한민국, 서울, 커뮤니케이션북스, 2026

AI 초상권과 퍼블리시티권

지은이 노현숙
펴낸이 박영률

초판 1쇄 펴낸날 2026년 1월 9일

커뮤니케이션북스(주)
출판 등록 2007년 8월 17일 제313-2007-000166호
02880 서울시 성북구 성북로 5-11
전화(02) 7474 001, 팩스(02) 736 5047
commbooks@commbooks.com
www.commbooks.com

ISBN 979-11-430-1581-5 03500

책값은 뒤표지에 표시되어 있습니다.

차례

인공지능 초상의 세계로

디지털 환경과 초상권·퍼블리시티권

정보 통신 사회에서 얼굴과 이름, 목소리 등은 개인정보이자 자산적 가치를 가진다. 개인정보를 포함한 데이터는 광고 · 마케팅 산업에서 소비자의 취향을 분석하는 데 활용된다. 공공기관은 범죄 예방과 감시에 데이터를 이용한다. 기업은 데이터를 인공지능 학습 자료로 사용한다. 이처럼 초상 데이터는 정보일 뿐만 아니라 사회와 경제의 다양한 영역에서 활용되는 핵심적인 자원이다. 데이터가 축적되면 과거의 개인 자료뿐만 아니라 앞으로의 개인의 행동과 취향까지 예측할 수 있다. 초상은 더 이상 개인적인 차원의 정보에 머무르지 않고, 사회적 · 경제적 가치를 가진 중요한 자원으로 부각되고 있다.

이미지의 촬영과 공유, 가공이 쉬워지면서 이미지와 관련한 권리 침해의 범위가 넓어지고 침해 속도는 더 빨라졌다. 이 책은 초상권 및 퍼블리시티권 침해 양상의 변화를 중심으로, 이에 대한 법적 대응을 분석하고 윤리적 · 기술적 쟁점을 검토한다. 특히 인공지능 시대의 초상 문제는 기술적인 부분만의 문제라고 할 수 없다. 초상은 인간의 정체성을 대변하는 핵심 요소이므로, 첨단 기술을 사용하여 무단으로 이용될 경우 인간의 정체성을 위협하고 존재 자체가 도구화될 수 있다. 따라서 오늘날 초상권과 퍼블리시티권을 둘러싼 논의는 개인정보의 보호, 표현의 자유, 기술의 활성화, 산업의 발전 등 다양한 영역 및 가치와 연결되는 복잡한 영역이다. 이 책에서는 이러한 복합적인 쟁점들을 균형 있게 살펴보고자 한다.

초상권은 개인의 얼굴과 신체 이미지가 본인 동의 없이 촬영 · 공개 · 이용되지 않을 권리로서 인격권적 성격을 가진다. 퍼블리시티권은 초상 · 이름 · 목소리 등의 상업적 이용을 통제하고 경제적 이익을 보호하는 권리로서 재산권적 성격을 띤다. 두 권리는 상당 부분 서로 겹치기도 한다. 일반인의 경우 초상권을 통해 사생활과 명예를 보호할 수 있다. 유명인의 경우에는 퍼블리시티권을 통해 광고 · 상품화 과정에서의 경제적 이익을 보호할 수 있다. 예를 들어 연예인의 사진을 동의 없이 광고에 사용하는 경우, 인격적 피해와 병행하여 재산적 피해가 발생할 수 있다. 한국 판례에서도 연예인의 초상을 무단으로 사용한 사례에서 손해배상을 인정하기도 하였다. 초상권과 퍼블리시티권, 두 권리의 성격은 차이가 있지만, 공통적으로 개인의 존엄과 가치를 보호한다. 두 권리의 보호는 단순히 개인의 문제가 아니라 사회 전체의 신뢰와도 직결된다. 개인의 초상이 무단으로 이용되거나 상업화된다면, 사회적인 신뢰의 문제가 발생할 수 있다. 반면 초상과 관련한 권리가 적절하게 보호된다면, 인공지능 환경에서 창작과 산업 활동이 더욱 활발하게 이루어질 수 있는 근거가 될 것이다. 따라서 초상권과 퍼블리시티권은 개인의 권리를 넘어 사회적 신뢰를 형성하는 기반이라는 점에서 중요하다.

한국은 헌법상 인격권이나 민법의 불법행위 규정 등을 통해 초상권을 보호해 왔다. 퍼블리시티권은 명문 규정은 없으나 판례를 통해 일부 인정되는 상황이다. 미국은 주법과 판례를 기반으로 퍼블리시티권이 발전되어 왔고 유럽연합은 개인정보 규제를 통해 초상 정보를 보호한다. 일본의 경우도 판례를 중심으로 초상의 상업적 이용을 제한한다. 예를 들어 한국에서는 언론사의 무단 촬영 사건에서 초상권 침해가 인정되기도 하였다. 미국에서는 농구 선수 마이클 조던의 초상권 사건에서 그의 이름과 번호가 상업적 광고에 무단으로 사용되어 손해배상이 인정되었다. 유럽연합의 GDPR(General Data Protection Regulation, 일반 정보 보호 규정)는 얼굴 데이터 등의 정보를 특별히 민감한 개인정보로 분류한다. 일본의 경우 연예인의 초상이 무단으로 이용된 사건에서 퍼블리시티권을 폭넓게 해석하였던 판례가 있다. 각국의 초상권과 퍼블리시티권 보호 방식에는 차이가 있지만 디지털 시대에 초상권과 퍼블리시티권의 보호는 공통적인 과제다. 국가마다 초상과 관련하여 운영되는 제도에는 차이가 있으나 초상과 관련하여 공통적으로 개인의 존엄성과 상업적 가치를 보호하고자 하는 입장을 취하고 있다.

기술의 변화와 초상 침해 양상

오늘날 기술의 발달로 권리 침해의 양상도 크게 달라졌다. 스마트폰과 소셜 미디어의 활성화로 영상 제작과 공유가 자유롭고 누구나 쉽게 제작하고 공유할 수 있게 되어 영상이나 사진의 생산자와 소비자의 경계가 모호해졌다. 빅데이터와 인공지능의 얼굴 인식 기술은 대량의 초상 정보를 자동으로 처리하는 것을 가능하게 한다. 생성형 AI는 실제 인물의 외모나 목소리를 그대로 재현하거나 가상의 인물을 생성해 낼 수 있다. 이렇듯 빅데이터나 인공지능 등 4차 산업혁명 기술의 발달은 새로운 양상의 권리 침해의 원인이 되고 있다.

초상과 관련하여 기존에는 주로 초상의 무단 촬영이나 보도 사진, 광고에서의 초상의 무단 이용, SNS상에서의 초상 이미지의 확산 등이 문제가 되었다. 오늘날에도 이러한 문제가 여전히 존재하지만, 이에 더하여 딥페이크 영상의 유포, 인공지능 학습 데이터에 초상 사진의 무단 사용, 가상 인플루언서(influencer)의 이미지 도용 등 새로운 유형의 초상 문제가 나타나고 있다. 피해자는 자신이 침해되었다는 사실조차 알지 못하기도 하고 때로는 침해받은 사실을 뒤늦게 알게 되기도 한다. 초상의 침해로 인하여 온라인에 게시된 영상은 빠른 속도로 확산될 수 있고 그 피해를 막기는 쉽지 않다.

새로운 기술의 등장에 따라 권리 침해도 새로운 양상을 보이지만 법제의 변화 속도는 대부분 기술의 변화보다 느리다. 입법은 논의 및 관련 절차를 거쳐야 하기에 적용까지는 수개월, 수년의 시간이 걸린다. 반면, 기술의 발전 속도는 입법에 비하여 빠르다. 예를 들어 새롭게 나타난 인공지능 기술에 의한 합성 이미지가 저작권의 규율 대상인지, 단순히 데이터인지 명확한 기준이 제시되지 않았다. 또한 비식별화 처리된 데이터가 재식별화되는 경우 권리 침해의 문제가 복잡하다. 국경의 경계를 넘나들며 콘텐츠가 이동하면서 국가 간 법률 충돌 문제도 제기된다. 기술과 이에 따른 법적 쟁점을 해결하기 위한 법률의 공백은 신기술의 발전 속도를 제한하기도 하고 이용자들의 자유로운 이용을 방해한다. 현행 법·제도를 적용한다고 해도 진보하는 기술에 대한 즉각적이고 적절한 법적 대응이 쉽지 않은 경우도 적지 않다. 예를 들어 인공지능 합성물의 경우 원본과 동일성 여부의 판단이 쉽지 않다. 비식별화된 데이터의 경우 재식별화된다면 권리 보호의 범위가 불명확해진다. 그 밖에 국제적 유통으로 인한 국가 간 법률 간의 충돌, 관할권 문제 등도 제기될 수 있다.

초상권과 퍼블리시티권의 의미와 발전

초상권은 본인의 동의 없이 개인의 얼굴이나 신체 이미지가 촬영되거나 이용되지 않을 권리다. 초상권은 특히 사생활 영역과 밀접한 관련이 있다. 국내법에 초상권이라는 단어가 명시되어 있지 않지만, 헌법과 민법의 인격권과 불법행위 책임 규정을 통해 인정된다. 언론사의 무단 촬영 사건, 동의 없이 유명인의 사진 사용 사건 등의 판례를 통해 초상권이 확인되었다.

퍼블리시티권은 개인의 초상, 이름, 서명, 음성 등을 상업적으로 이용할 수 있는 권리다. 미국에서는 1950년

대부터 주법과 판례를 통해 발전해 왔다. 퍼블리시티권은 주로 유명인의 경제적 가치 보호를 목적으로 하여, 동의 없이 상품이나 광고 등에 초상을 사용하는 행위를 규제한다.

퍼블리시티권은 유명인만의 권리라고 보기도 어렵고 오늘날은 유명인과 일반인의 경계를 정하기도 쉽지 않다. 온라인에서 활동하는 인플루언서나 1인 미디어 창작자도 자신의 이미지가 무단으로 상업적 목적에 사용될 수 있다. 소셜 미디어에 올린 일반인의 사진이 기업 광고에 무단 사용되는 사례도 존재한다. 즉, 퍼블리시티권은 특정 집단에 국한되지 않고 모든 개인에게 적용 가능한 권리이고 현실적으로도 그 범위가 확장되고 있다.

디지털 시대의 변화

과거 초상을 둘러싼 권리 침해는 주로 무단 촬영이나 인쇄물 등의 게시였다. 지금은 인터넷상의 SNS, 영상 플랫폼 등에서 다양한 양상의 침해가 발생하고 있다. 생성형 인공지능은 실제 인물의 얼굴과 목소리를 재현하거나, 존재하지 않는 인물을 만들어 낼 수 있다. 딥페이크 영상은 정치인, 연예인 등 유명인뿐 아니라 일반인에게도 피해를 주기도 한다. 인공지능 기술로 생성된 영상이나 사진에 대하여 피해자가 허위임을 증명해야 할 뿐만 아니라, 온라인상에 영상이 게시되는 경우 오프라인과는 비교할 수 없는 속도로 빠르게 확산될 수 있다.

대량의 다양한 정보를 저장하는 빅데이터 기술은 초상정보도 대규모로 수집 · 분석한다. 공공장소의 CCTV, 온라인 사진, 방송 영상 등으로부터 추출된 초상 데이터는 보안, 마케팅, 범죄 수사 등 다양한 목적으로 활용되기도 하지만, 초상의 당사자는 자신의 초상이 사용되고 있는지 모르는 경우가 많다.

인공지능 합성물의 경우 원본 여부를 판단하기 쉽지 않다. 개인정보의 주체를 확인할 수 없도록 비식별화된 데이터가 재식별화되는 경우 정보 주체의 권리가 침해될 수 있다. 클라우드 컴퓨팅 등으로 콘텐츠가 국경을 넘어 유통되는 경우 각국 법률이 충돌할 수 있다. 초상과 관련한 손해배상 범위와 형사 처벌의 요건도 분명하지 않다.

윤리와 사회적 합의

초상과 관련한 문제에 법만으로 모든 문제를 해결하기는 어렵다. 어느 분야이든 과학 기술이 사람이나 사회에 활용되는 경우 윤리적 기준과 사회적 합의가 중요하다. 기업은 광고, 게임, 플랫폼 운영에서 내부 가이드라인을 마련해야 한다. 동의 절차를 투명하게 하고 사용 범위를 명확하게 할 필요가 있다. 시민 사회는 초상과 관련한 교육 및 캠페인을 통해 이용자의 인식을 제고하는 것이 중요하다. UNESCO와 OECD는 AI 윤리 원칙을 발표하였고 G7은 인권과 민주주의 가치를 존중하는 AI 개발 원칙을 제시하였다. 한국도 AI 윤리 기준을 수립하고 있다. 법·제도적인 정비와 함께 윤리 및 사회적 합의가 병행될 때 법·제도적인 실효성도 확보될 것이다. 또한 콘텐츠 제작자와 기업은 초상 정보의 사용에 관한 동의 절차를 투명하게 하고, 초상 정보 등 데이터의 이용 범위와 기간을 명확히 하는 것이 중요하다. 인공지능 학습을 위해 초상 데이터를 사용하는 경우 권리자의 동의 여부를 확인하고, 비식별화 기술을 적용해야 한다. 국제기구와 각국 정부는 인공지능 윤리 가이드라인을 제시하고 있고, UNESCO와 OECD는 인권과 프라이버시를 존중하는 AI 개발 원칙을 발표한 바 있다.

독자는 이 책을 통해 초상을 둘러싼 권리의 성격을 이해하고, 기술 변화에 따른 초상 이미지의 사회적 함의를 파악할 수 있다. 또한 초상의 침해 방지를 위한 대응 방안과 초상과 관련한 새로운 문제의식을 제시하고, 디지털 사회에서 자신을 보호할 지침을 제공하고자 한다. 이

책은 초상을 둘러싼 권리 보호를 통해 인간의 존엄과 자유를 지키기 위한 법적 · 윤리적 틀을 모색한다. 초상권과 퍼블리시티권의 문제는 법적 측면에 그치지 않고, 인공지능 시대의 인간 정체성 및 인간상(人間像)을 어떻게 정의할 것인가의 물음과 연결된다.

각 장의 구성

1장에서는 초상권과 퍼블리시티권의 개념과 역사적 배경, 양 개념의 근본적 차이를 법리적으로 살펴본다. 초상권은 개인의 인격적 가치 보호가 목적이고, 퍼블리시티권은 경제적 이익의 보호에 중점을 둔다.

이 장에서는 초상권과 퍼블리시티권의 개념과 역사적 배경을 다룬다. 두 권리는 모두 개인의 초상 이미지와 관련되지만, 각각의 성격과 보호 목적에는 차이가 있다. 초상권은 개인의 얼굴, 신체 이미지가 본인의 동의 없이 촬영되거나 공개되지 않을 권리로서 인격권의 측면으로 이해된다. 인격적 가치를 지키기 위한 권리로서, 개인의 존엄과 사생활을 보호하는 데 중점을 둔다.

퍼블리시티권은 개인의 초상, 이름, 목소리, 서명 등과 같이 특정 개인을 식별할 수 있는 요소를 상업적으로 이용할 수 있는 권리다. 이 권리는 주로 유명인에게서 중요한 의미가 있다. 퍼블리시티권은 광고, 상품, 미디어 콘텐츠에 초상이 활용될 때 발생하는 경제적 가치를 보장하는 등 재산권적 성격이 강하다.

초상권과 퍼블리시티권은 많은 부분에서 공통점을 가지고, 두 권리는 모두 개인의 동일성과 정체성을 존중하는 권리다. 그러나 초상권은 사생활의 침해를 방지하는 것을 중심으로 하고, 퍼블리시티권은 경제적 이익 보호를 목적으로 한다는 차이가 있다. 역사적으로 초상권은 언론의 자유와 병행하고 충돌하면서 발전해 왔고, 퍼블리시티권은 연예 및 광고 관련 산업의 성장으로 그 중요성이 더욱 강조되어 왔다. 두 권리의 이러한 속성의 차이는 법리적인 면에서도 분명한 차이를 볼 수 있다. 초상권은 인격권으로서 비재산적 권리에 속하고, 퍼블리시티권은 독립된 재산적 권리로 이해된다.

2장에서는 디지털 환경에서의 초상권과 퍼블리시티권의 침해 양상을 다룬다. 오늘날 인터넷과 모바일 플랫폼을 활용하여 일반인도 영상을 제작하고 배포할 수 있는 환경이 조성되었다. 이로 인해 초상과 관련된 권리 침해는 더 빈번해졌고 침해의 양상이 더 복잡해졌다.

딥페이크 기술을 통해 실제 존재하는 인물의 얼굴과 목소리를 정교하게 합성하는 것이 가능해졌다. 이로 인하여 개인의 초상이 자신의 의사와 무관하게 허위 정보나 음란물 등에 사용되기도 하여 심각한 침해 문제가 되고 있다. 또한 메타버스 공간에서의 아바타는 개인의 정체성을 나타내는데, 현실 세계에서의 얼굴이나 이름뿐 아니라 가상공간에서의 이미지와 캐릭터가 무단으로 사용되거나 도용되는 사례가 발생한다. 2장에서는 새로운 기술이 가져오는 침해 양상을 유형별로 살펴보고, 기존 권리 보호 체계의 한계를 분석한다.

3장에서는 인공지능의 개념과 종류, 구현 방식에 따른 인공지능의 분류, 주요 기술을 살펴보고, 인공지능의 학습과 관련한 주요 프로그램에 의한 개인정보의 이용과 개인정보 보호 원칙과 개인정보 보호 법제를 살펴본다. 인공지능 기술에 의하여 초상을 정밀하게 변형하고 생성할 수 있다. 인공지능에 의하여 사용되는 초상을 포함한 개인정보의 문제는 기존의 개인정보 보호법 체계로는 충분히 보호되기 어려우며, 특히 초상 정보와 관련하여 초상권과 퍼블리시티권 침해의 문제가 제기된다.

4장에서는 빅데이터와 초상의 관련성을 살펴본다. 대용량의 방대한 정보를 수집하고 분석하는 빅데이터 기술은 4차 산업의 근간이다. 빅데이터는 인공지능, 사물인터넷, 클라우드 컴퓨팅 등 다른 4차 산업혁명 기술과 융합하여 데이터 저장, 분석, 예측을 가능하게 한다. 빅데이터의 개념과 기술적 특징, 빅데이터의 활용 양상과 국내외 빅데이터 관련법을 살펴보고 빅데이터에서의 초상 정보 추출은 초상 정보를 비롯한 개인정보의 침해 문제를 제기한다.

5장에서는 미디어 및 SNS의 활발한 이용으로 타인의 초상 정보를 허락 없이 사용하는 사례를 살펴본다. 일반인 초상의 공개 사례, 폭행 및 초상 촬영 사례, SNS 및 디지털 미디어 플랫폼상에서의 초상권 침해, 딥페이크 관련 사례, 공공성 있는 방송에서의 초상 공개 사례 등 초상권과 관련한 사례를 유형별로 살펴본다.

6장에서는 퍼블리시티권 침해 사례를 유형별로 검토한다. 광고를 통한 침해 사례를 분석하여, 특정 인물의 초상이나 성명이 직접 사용되지 않더라도 대중이 그 인물을 연상할 수 있는 방식으로 활용된 경우에도 침해가 성립할 수 있음을 보여 준다. 상표를 통한 침해에서는 유명인의 이름이나 초상을 무단으로 상호나 제품에 사용하는 문제를 다루고, 실제 판례를 통해 법원이 이를 불법행위로 인정한 과정을 살핀다. 언론 보도와 표현의 자유가 충돌하는 맥락에서 퍼블리시티권의 한계를 검토하고, 창작물에서 특정인을 모델로 하는 경우 법적 판단이 달라질 수 있음을 살펴본다. 건물 명칭이나 예술 작품 활용 등 기타 영역에서 발생한 사건들을 통해 퍼블리시티권의 적용 범위와 한계를 다각적으로 탐구한다.

7장에서는 초상권과 퍼블리시티권의 국내외 법제 현황을 체계적으로 분석한다. 국내 법제는 초상권을 직접 규율하는 명문 규정은 없으나 헌법, 민법, 개인정보 보호법, 성폭력 범죄의 처벌 등에 관한 특례법, 정보통신망법 등을 통해 간접적으로 보호하고 있음을 설명한다. 또한 부정경쟁방지법을 통해 퍼블리시티권과 관련된 경제적 권리가 보호되고 있음을 판례와 함께 살펴본다. 해외 법제에서는 미국의 주법, 독일의 기본법과 저작권법, 프랑스 민법 등 각국의 다양한 규율 방식을 살펴본다. 이를 통해 국가별 제도 차이를 비교하고, 권리 보호를 위한 법제적 토대가 어떻게 정비되어야 하는지를 제시한다.

8장에서는 인공지능 콘텐츠로 인한 윤리적 문제점을 검토한다. 생성형 AI는 실존 인물의 얼굴과 목소리를 사실적으로 재현할 수 있고, 존재하지 않는 가상의 인물을 만들어 내기도 한다. 이러한 과정에서 초상권과 퍼블리시티권의 침해 문제가 발생하고, 인간의 존엄성과 사회적 신뢰, 경제적 권리를 위협하여 윤리적 문제로 이어진다. 이 장은 인공지능 기반 콘텐츠로 인한 초상권 및 퍼블리시티권의 윤리적 쟁점을 분석한다. 특히 동의 절차의 필요성, 투명한 데이터 사용, 책임의 귀속 문제를 중심으로 논의하며, 기술 발전과 권리 보호 사이에서 사회가 지향해야 할 균형점을 모색한다.

9장은 초상권과 퍼블리시티권을 보호하기 위한 기술적 수단을 집중적으로 살펴본다. 현재 활용되고 있는 보호 기술의 주요 방식과 그 실효성을 검토하고, 각 기술의 구현 양상과 한계를 분석한다.

얼굴 비식별화 기술은 영상이나 사진에서 개인을 인식할 수 없도록 흐림 처리나 대체 이미지를 적용하는 방법이다. 공공장소의 CCTV 영상이나 온라인 플랫폼에서 자주 활용된다. 화상 난독화는 인공지능의 자동 인식 능력을 방해하거나 제한하여, 특정인의 얼굴이 식별되지 않도록 만드는 방식이다. 디지털 워터마크 기술은 이미지나 영상 속에 보이지 않는 식별 정보를 삽입하여 권리자를 추적할 수 있게 한다. 화상 권리 관리 시스템은 데이터의 사용 이력과 권리 정보를 통합적으로 관리한다.

최근에는 인공지능 학습 데이터에서 얼굴을 자동으로 제거하거나 비식별화하는 기술이 주목된다. 이 기술은 대규모 데이터 세트 활용 과정에서 초상 정보가 무단으로 사용되는 문제를 예방하는 데 유효하다. 한편, 이러한 기술들은 재식별 가능성이나 기술적 한계가 지적되기도 한다. 이 장에서는 실질적인 권리 보호 체계로서의 가능성을 종합적으로 검토한다.

10장에서는 인공지능 환경에서 초상권과 퍼블리시티권 침해를 최소화하면서 생성형 AI를 활용하는 방안을 다룬다. 생성형 AI는 실제와 구분하기 어려운 초상을 만들어 내어 권리 침해의 위험을 확대하므로, 권리 침해를 방지하기 위한 법적 · 기술적 조치가 필요하다. 초상 정보 주체의 명확한 사전 동의는 법적 침해를 예방하는 핵심 절차이며, 개인정보자기결정권의 윤리적, 제도적 기반이다. 또한 얼굴 비식별화, 블러링, 픽셀화, GAN 기반 합성 대체 기법 등 다양한 비식별 기술의 적용이 필요하다. 반면 과도한 비식별화 조치는 초상 데이터의 가치나 유용성을 저하시키므로, 초상의 보호와 활용 간의 조율이 중요하다.

요컨대 정보 주체의 사전 동의와 기술적 보호를 결합하여 종합적인 처리가 필요하다. 이를 통해 생성형 AI 또는 인공지능 기술이 사회적 신뢰 하에 활용될 수 있다. 따라서 개발자와 사업자는 권리 보호 원칙을 기획 및 설계 단계부터 내재화해야 하고, 이를 위한 구체적 가이드라인과 제도적 장치가 병행되어야 할 것이다.

01
초상권과 퍼블리시티권

초상과 관련한 권리인 초상권과 퍼블리시티권은 사진 기술이 발달하면서 본격적으로 대두되었고 디지털 기술의 발달과 함께 더욱 중요한 문제가 되고 있다. 초상은 개인적인 영역일 뿐만 아니라 사회적, 경제적인 의미를 지닌다. 오늘날 초상권 및 퍼블리시티권과 관련한 분쟁이 제기되는 것도 초상이 개인적 의미를 넘어서 사회적, 경제적 의미를 지니기 때문이다.

기후 위기와 인공지능?

초상권과 퍼블리시티권의 대두

디지털 기술이 급속하게 발달하고 디지털 플랫폼의 활용이 증가하면서 사진이나 이미지의 사용이 증가하고 있다. 이에 따라 개인의 외모나 이미지, 이름 등 개인을 나타내는 속성의 중요성이 더욱 부각되고 있다. 어떤 사람의 외모나 이미지 등과 관련한 분쟁은 일반인을 포함하여 모든 사람에게 발생할 수 있지만, 주로 엔터테인먼트 분야의 유명인이나 스포츠인과 관련하여 문제가 되어 왔다. 개인의 외모나 이름 등 개인의 정체성을 나타내는 속성과 관련한 권리 가운데 인격적 권리인 초상권과 상업적 권리인 퍼블리시티권을 둘러싼 법적 논의는 오늘날 중요한 법적 쟁점이다.

초상권이란 무엇인가

개인의 사진이나 영상을 사용하는 사례가 증가하면서 초상권이라는 용어가 종종 등장한다. 초상권(portrait right)은 주로 개인의 초상이나 이미지가 무단으로 사용될 때 발생하는 법적 문제와 관련이 있다. 그렇기에 초상권은 개인의 사생활과 관련이 깊으며, 개인의 동의 없이 그 사람을 찍은 사진이나 영상을 사용하는 경우 법적 책임이 요구될 수 있다. 즉, 초상권은 개인의 얼굴이나 신체 등 어떤 사람의 특정한 신체적 특성이 포함된 이미지를 무단으로 이용하는 것을 방지하기 위한 권리다. 초상권은 사람의 얼굴이나 신체 등의 사진이나 영상을 그 사람의 허락 없이 타인이 이용하는 것에 대하여 제한을 가할 수 있는 권리일 뿐만 아니라 이름이나 목소리 등 해당 인물을 나타내는 특징적인 요소에까지 넓게 적용된다. 요컨대 개인을 나타내는 속성이나 개인적인 특성을 나타내는 요소들과 관련이 있다는 점에서 초상권은 개인의 사생활을 보호하는 권리라고 할 수 있다. 모든 사람은 태어날 때부터 신체나 목소리 등 개인적인 속성을 가지고 태어나므로 초상권은 인간에게 자연적으로 부여된 타고난 권리라고 할 수 있다. 대법원은 '타인의 얼굴, 용모 등을 그 의사에 반하여 촬영하거나, 촬영된 사진 등을 함부로 공표하지 않을 권리'를 초상권으로 인정한 바 있다(대법원 1999.2.9. 선고 98다54236). 이는 초상권이 헌법상 일반적 인격권에서 파생된 권리임을 보여 준다.

초상권의 역사적 배경과 법적 성격

초상권의 개념은 주로 사진과 영상 기술의 발전과 관련이 있다. 19세기 중반, 다게레오타입(Daguerreotype)의 초기 사진 기술이 등장하면서 개인의 모습을 더 정확하게 재현할 수 있게 되었다. 사진 기술이 대중화되면서 사진은 사람들이 자신의 이미지를 저장하고 복제하는 수단이 되었다.

사진 기술이 등장한 초기에는 사진은 주로 개인적인 측면에서 사용되었으나 19세기 후반 이후 사진이 본격적으로 상업적으로 사용되면서 초상권 개념이 중요한 권리로 대두되었다. 유명인, 연예인, 정치인 등 공인의 사진이 상업적으로 사용되었고, 그 공인들은 자신들의 이미지가 무단으로 상업적으로 사용되는 것에 대한 법적 보호가 필요하게 되었다.

초상이 상업적으로 사용되기 시작한 이후 19세기 말에서 20세기 초에 초상권이라는 개념이 대두되기 시작하였다. 1905년 미국 조지아주 대법원의 사건[Pavesich v. New England Life Insurance Co., 122 Ga. 190, 50 S.E. 68(1905)]은 프라이버시권 및 초상에 관한 권리를 명시적으로 인정한 최초의 사건이다. 이 사건에서 원고 파올로는 자신의 동의 없이 자신의 사진을 광고에 사용한 보험사에 대하여 소송을 제기하였고, 법원은 자연법에 기반하여 프라이버시권을 인정하였다. 이 사건을 통해 당사자의 동의 없는 초상의 사용에 대하여 프라이버시권이 침해되었다고 인정되었으며 프라이버시권 내에

간접적으로 초상권의 침해가 인정되었다고 할 수 있다. 이후 미국을 비롯한 여러 국가에서, 초상권을 근거로 개인의 얼굴이나 이름을 상업적 목적으로 이용하기 위해서는 허락을 받아야 한다고 인정되고 있다.

한국에서는 초상권을 보호하기 위한 명시적인 법 조항은 존재하지 않지만 여러 관련 법률을 근거로 보호되며 판례를 통해서도 인정되고 있다. 예를 들어, 한국 민법에 초상권이 명시적으로 규정되어 있지 않으나, 초상권은 헌법상 일반적 인격권에서 파생되는 권리이고, 헌법이 보장하는 몇 가지 기본권들, 예를 들어 헌법 제10조(인간의 존엄과 가치, 행복추구권) 및 제17조(사생활의 비밀과 자유) 등에서 보호의 근거를 찾을 수 있다. 또한 개인의 얼굴이나 이름을 무단으로 상업적으로 사용하여 불법행위에 해당되는 경우 민법 세750조의 '고의 또는 과실로 인한 위법행위로 타인에게 손해를 가한 자는 그 손해를 배상할 책임이 있다'는 규정을 적용하거나, 민법 제751조 제1항의 '타인의 신체, 자유 또는 명예를 해하거나 기타 정신상의 고통을 가한 자는 재산 이외의 손해에 대해서도 배상할 책임이 있다'는 규정을 적용하여 손해배상을 청구할 수 있다. 대법원에 의하면 '타인의 얼굴, 용모 등을 그 의사에 반하여 촬영하거나, 촬영된 사진 등을 함부로 공표하지 않을 권리'를 초상권으로 인정한다(대법원 1999.2.9.선고 98다54236).

퍼블리시티권이란 무엇인가

퍼블리시티권(right of publicity)은 개인의 이름, 이미지, 목소리 등 개인의 정체성을 나타내는 특징을 상업적으로 이용하고 통제할 수 있는 권리다. 유명인이 자신의 경제적 가치를 보호하고, 자신의 동의 없이 광고나 마케팅에 자신의 외모나 개인의 정체성을 나타내는 특징 등이 사용되는 것을 방지할 수 있는 권리다.

우리 법원은 퍼블리시티권은 일반인에게도 인정될 수 있으며 그 대상은 성명, 사진, 초상, 기타 개인의 이미지를 형상화하여 특정인을 연상시키는 물건 등에 널리 인정될 수 있고, 퍼블리시티권의 대상이 초상일 경우 초상권 중 재산권으로서의 초상권과 동일한 권리라고 보았다(서울동부지방법원 2006.12.21.선고 2006가합6780 판결). 다만, 일반인의 경우 경제적 가치와 손해액을 증명하기 쉽지 않아 주장이 쉽지 않은 문제가 있다. 따라서 퍼블리시티권은 주로 유명인이나 공적 인물이 자신의 외관이나 이미지 등이 상업적 용도로 사용되는 것을 제한할 수 있는 권리라고 할 수 있다. 특정 인물의 이미지나 이름 등이 광고나 상품에 사용될 때, 그 사람의 동의 없이 사용된 경우라면 퍼블리시티권 침해에 해당할 수 있다.

국내에서는 퍼블리시티권을 규율하는 명문의 규정은 없으나 다수의 국가가 법령 또는 판례에 의하여 이를 인정하고 퍼블리시티권 관련 영역의 동일성을 침해하는 것은 민법상의 불법행위에 해당한다. 또한 사회가 발달하고 복잡해짐에 따라 퍼블리시티권과 관련한 문제가 다수 제기되고 그 보호의 필요성이 증대하고 있으며, 유명인이 자신의 노력에 의하여 획득한 명성, 사회적인 평가, 지명도 등에 근거한 독립한 경제적 이익 또는 가치는 그 자체로 보호할 가치가 충분하며 판례에서도 해석상 이를 독립적인 권리로 인정하고 있다. 법원은 '고유의 명성, 사회적 평가, 지명도 등을 획득한 배우, 가수, 운동선수 등 유명인의 성명이나 초상 등이 상품에 부착되거나 서비스업에 이용되는 경우… 이러한 유명인의 성명, 초상 등이 갖는 고객흡인력은 그 자체가 경제적 이익 내지 가치로 취급되어 상업적으로 거래되고 있으므로, 성명권, 초상권 등 일신에 전속하는 인격권에 관한 법리만으로는 충분히 보호하기 어렵고, 성명이나 초상, 서명 등이 갖는 재산적 가치를 독점적, 배타적으로 지배하는 권리인 퍼블리시티권을 인정할 필요가 있다'고 판시하였다(서울서부지법 2014.7.24.선고 2013가합32048 판결). 또한, 대법원은 '공인의 초상 또는 성명이 일반 소비자에게 상품 또는 영업과 특정 인물 간의 연관성을 암시할 수 있는 경우, 동의 없는 사용은 불법행위에 해당한다'고 판시하는 등 퍼블리시티권을 명시적으로, 암묵적으로 인정하고 있다(대법원 2014.1.29.선고 2012다8228 판결).

퍼블리시티권의 배경과 법적 성격

퍼블리시티권은 개인이 자신의 이름, 초상, 음성, 서명 등 대중에게 알려진 자신의 정체성을 나타내는 특징들을 경제적으로 이용하거나 또는 다른 사람들이 이용하도록 허락할 수 있는 권리다. 퍼블리티시티권은 경제적, 상업적 속성과 관련이 있어 본질적으로 재산권적 성격을 가진다. 연예인, 운동선수, 인플루언서 등 대중적으로 인지도가 있는 인물의 경우, 퍼블리시티권을 기반으로 막대한 경제적 가치가 창출될 수 있어 광고, 콘텐츠 산업, 출판업 등의 분야에서 특히 유의할 필요가 있다.

미국은 퍼블리시티권이 가장 먼저 체계화된 국가의 하나로서 주에 따라 퍼블리시티권의 보호 여부 및 보호 범위가 다르다. 캘리포니아주는 퍼블리시티권을 명문으로 규정하여 상업적 이용을 규제하고 있다. 한편, 유럽의 독일, 프랑스 등은 인격권 이론에 근거한 초상권 개념에 의하여 재산적 측면까지 아우르고 있다. 일본은 판례를 통해 퍼블리시티권을 인정하고 있다.

인격권의 경우 일신 전속권이므로 양도나 상속이 불가능하지만, 퍼블리시티권은 재산권적 성격을 가지므로 양도나 상속이 가능하다. 오늘날 디지털 콘텐츠 산업 분야에서의 초상의 이용, 콘텐츠 계약, 캐릭터 상품 출시 등에서 퍼블리시티권은 핵심적인 권리다.

참고문헌

남형두(2005). "세계시장 관점에서 본 퍼블리시티권: 한류의 재산권보장으로서의 퍼블리시티권". 《저스티스》, 86, 101~121쪽.

박성호(2006). "人格權의 變容: 퍼블리시티권에 관한 논의를 중심으로". 《법학논총》, 23(2), 385~406쪽.

안병하(2009). "인격권의 재산권적 성격: 퍼블리시티권 비판 서론". 《민사법학》, 45(1), 71~122쪽.

양천수(2011). "인격권의 법철학적 기초: 인격권의 구조·성장·분화". 《법과 정책연구》, 11(3), 1139~1165쪽.

정희섭(2003). "財産權으로서의 퍼블리시티(Publicity)權利". 《재산법연구》, 20(1), 133~156쪽.

한지영(2008). "초상과 성명의 보호에 관한 연구: 초상권과 성명권의 침해구제를 중심으로". 《중앙법학》, 10(3), 245~279쪽.

McKenna, M. P.(2005). The Right of Publicity and Autonomous Self-Definition. *University of Pittsburgh Law Review, 67*, pp.225~294.

Warren, S. D. & Brandeis, L. D.(1890). The Right to Privacy. *Harvard Law Review, 4*, pp.193~220.

02
디지털 시대의 초상권과 퍼블리시티권

디지털 시대에 초상권과 퍼블리시티권 문제는 이전과는 근본적인 차이가 있다. 인터넷의 활성화, 모바일 플랫폼 및 디지털 콘텐츠의 확산, 인공지능, 가상현실, 메타버스 등 신기술을 활용한 새로운 디지털 환경으로 인하여 개인 이미지의 생산과 소비 방식에 혁명적인 변화가 나타나게 되었다. 이러한 혁신적인 디지털 환경에서는 특히 초상권과 퍼블리시티권의 중요성이 강조된다.

노래하는 AI 보컬?

디지털 시대의 초상권 및 퍼블리시티권 환경 변화

인터넷 환경에서 디지털 이미지는 제한 없이 복제되고 확산될 수 있다. 누군가 SNS에 사진이나 영상 등의 콘텐츠를 게시하는 순간, 수만 명, 수십만 명, 수천만 명 이상에게 공유될 수 있고 복제도 가능하다. 디지털 콘텐츠는 순간적으로 캡처될 수 있고 오프라인의 콘텐츠보다 쉽고 빠르게 복제 가능하며 콘텐츠 복제나 확산이 사실상 종료되지 않고 계속될 수 있다는 점에서 문제가 심각하다. 디지털 환경의 이러한 속성 때문에 초상권이나 퍼블리시티권 침해가 더 쉽게 발생할 수 있고, 피해자는 정신적, 경제적으로 심각한 피해를 입을 수 있다.

디지털 환경에서의 침해

초상권과 퍼블리시티권은 밀접한 관련성을 가지고 있지만 한편으로 두 권리는 서로 독립된 권리로서 디지털 사회에서 초상을 둘러싼 권리는 특수한 중요성을 가진다. 디지털 기술의 급속한 발전, 인공지능 딥러닝 기반의 이미지 생성 기술, 플랫폼 경제의 부상 등으로 인하여 디지털 환경에서의 초상권과 퍼블리시티권에 대한 새로운 법적 접근이 요구된다.

현대 디지털 환경에서 초상은 단지 신체나 외관의 표현이 아니라, 개인의 정체성과 프라이버시에 관련된다. SNS나 유튜브 등 디지털 플랫폼을 통해 특정인의 얼굴, 표정, 행위 등이 노출되는 경우, 디지털 공간에서 정체성이 공개되는 것이다. 초상권은 타인으로부터의 침해를 방지하는 소극적 권리일 뿐 아니라, 디지털 환경에서의 자기 정체성의 공개와 관련이 있는 적극적인 권리라고 할 수 있다. 디지털 환경에서는 이미지의 생성, 편집, 복제가 이전보다 더 쉽고 빠르게 진행될 수 있고 대규모로 확산 가능하여 초상권과 퍼블리시티권 침해 사례가 더욱 빈번하게 발생할 수 있다.

딥페이크 기술에 의한 침해

딥페이크에 의한 초상을 둘러싼 권리 침해는 디지털 시대의 새롭게 부상하는 권리 침해다. 딥페이크(deepfake) 기술은 인공지능 기술을 이용해 개인의 얼굴과 목소리를 진짜에 가깝게 합성하는 기술이다. 인공지능 딥러닝(deep learning)과 GAN(Generative Adversarial Network) 등을 기반으로 한 딥페이크 기술을 이용하여, 개인의 의사와 무관하게 개인의 외모나 행동 등의 이미지를 생성하거나 조작할 수 있게 됨으로써, 비자발적인 초상의 노출 및 사생활 침해의 우려가 커졌다. 즉, 딥페이크 기술로 인하여 초상권의 침해 가능성은 더욱 커졌고, 개인의 정체성 왜곡이나 프라이버시 침해 문제가 더욱 심각해지고 있다.

딥페이크의 활성화로 인하여 퍼블리시티권 침해의 문제도 확대되고 있으며, 디지털 플랫폼이나 광고 등에서 초상을 무단으로 사용하여 명예훼손, 재산적 손해, 신뢰도 훼손 등의 문제가 발생한다. 딥페이크는 포르노그래피(pornography), 허위사실 유포, 명예훼손, 사기 등과 관련한 도구로도 활용될 수 있으며, 피해자는 어떠한 대처도 하지 못한 채 불가항력적으로 자신의 초상 이미지가 무단으로 왜곡되거나 조작되어 정신적, 사회적, 경제적, 정치적 피해를 입을 수 있다.

메타버스와 가상 아바타에 의한 침해

메타버스(metaverse)의 등장으로 현실 세계와 디지털 세계의 경계가 모호하게 되었다. 메타버스는 현실과 가상이 융합된 3차원 디지털 공간으로, 전 세계 이용자가 자신의 아바타를 통해 타인과 소통할 수 있는 디지털 사회 공간이다. 메타버스에서 이용자의 분신 역할을 하는 아바타(avatar)는 현실 세계 인물의 외모를 바탕으로 창작되거나 특정 인물의 표정이나 몸짓 등을 기반으로 표현되기도 한다. 아바타가 현실 인물의 모습과 유사하거나 특정 인물을 떠올리게 할 경우, 해당 인물의 초상권이 침해될 수 있다. 메타버스에서 실제 인물의 초상을 모방한 아바타가 등장하거나 아바타가 독자적인 상업적 가치로 이용되는 경우, 현실 세계에서 적용되는 법적 책임이 발생할 수 있다.

유명인의 얼굴을 무단으로 모방한 아바타를 생성하여 상업적으로 이용하는 경우 초상권 및 퍼블리시티권 침해에 해당할 수 있다. 또한 아바타에 특정 인물의 현실에서의 표정, 행동 양상, 의상 등 사생활적 요소가 반영되는 경우 명예훼손이나 사생활 침해에 해당할 수 있다.

메타버스 내 아바타가 게임, 상업 광고, 상품 판매 등 디지털 환경에서의 다양한 경제 활동의 매개체가 되는 경우 퍼블리시티권 침해가 문제가 될 수 있다. 현실 세계에 존재하는 특정 인물의 초상을 모방한 아바타를 이용하여 메타버스 공간에서 광고나 상품 판매 등을 하는 경우 권리자의 허락 없이 경제적 이익을 창출한다면 퍼블리시티권 침해에 해당할 수 있다.

메타버스 공간에서 아바타는 현실 인물의 정체성을 바탕으로 등장하기도 하지만, 현실 세계와는 별도로 메타버스 공간에서의 독립적인 디지털 주체로 존재하기도 한다. 따라서 아바타를 둘러싼 권리는 아바타 제작자, 아바타 이용자, 플랫폼 사업자 등 아바타를 생성하고 이용하는 여러 주체의 권리가 혼재하거나 혼동되기도 한다.

메타버스 공간에서 아바타는 이용자의 분신이자 정체성의 표현으로서 개인의 자유로운 표현의 매개체로서 기능하기도 한다. 그러한 점에서 아바타는 표현의 자유의 결과물이 될 수 있지만, 아바타의 생성이 타인의 초상을 모방한 경우에는 초상권이나 퍼블리시티권 침해에 해당할 수 있다.

디지털 침해에 대한 국제적 공조 필요성

메타버스 공간에서의 아바타는 오늘날 디지털 시대의 초상권 및 퍼블리시티권과 관련한 새로운 쟁점을 제기한다. 아바타가 현실 인물의 정체성을 반영하는 동시에 디지털 세계에서의 독자적인 디지털 실체라는 점에서, 권리 주체와 침해 판단의 문제가 단순하지 않다. 특히 디지털 환경 특성상 국경을 넘어서 글로벌 차원에서의 보호가 고려될 필요가 있고, 한 국가에서 초상권이나 퍼블리시티권 침해가 발생하는 경우라도 국경을 넘어서면 침해 여부가 달라질 수 있는 등 국가마다 침해 기준이나 보호 수준에 차이가 있어 권리 보호에 문제가 발생할 수 있다.

또한 침해 사건에 대하여 어느 나라의 법을 적용할 것인지의 준거법 문제와 어느 법원이 관할할 것인지의 관할권 문제는 법적 분쟁을 더욱 복잡하게 할 수 있다. 인터넷상 침해의 경우 관련 콘텐츠가 저장된 서버의 위치, 관련 디지털 플랫폼 사업자가 위치한 국가, 피해자가 거주하는 국가 등에 따라 준거법 및 관할권이 달라질 수 있는데, 이러한 위치들이 각각 다른 경우 어느 국가의 법을 적용하고 어느 법원이 사건을 다룰 것인지를 결정하기는 쉽지 않다. 이로 인해 피해자가 효과적인 구제를 받지 못하거나 소송이 지연될 수 있고, 국가 간 법률의 차이를 이용해 침해자가 법망을 회피할 수도 있다. 또한 피해자가 위치한 국가에서 침해 콘텐츠의 삭제를 명령하더라도, 서버가 다른 국가에 위치하는 경우 그 국가에 대해서까지 콘텐츠 삭제를 강제하기 어려운 문제도 있다. 글로벌 인터넷 환경에서의 디지털 콘텐츠로 인한 초상권과 퍼블리시티권의 침해 시 복잡한 법적 문제가 발생할 수 있고 디지털 콘텐츠의 특성상 그 해결도 단순하지 않다. 따라서 디지털 환경에서의 침해와 관련하여, 국제적 적용 법의 조화, 국가 간 공조 체계 구축, 다자간 협약 등 국제적인 공조와 협력이 요구된다.

참고문헌

권영준(2009). "초상권 및 사생활의 비밀과 자유, 그리고 이익형량을 통한 위법성 판단". 《민사판례연구》, 31, 519~565쪽.

유의선(2008). "디지털 취재 환경에서의 초상권 침해와 구제". 《언론과 법》, 7(1), 383~414쪽.

허순철(2022). "유튜브 딥페이크(deepfake) 영상과 허위사실공표". 《미디어와 인격권》, 8(1), 1~47쪽.

Maksutov, A. A. et al.(2020). Methods of Deepfake Detection Based on Machine Learning. *2020 IEEE Conference of Russian Young Researchers in Electrical and Electronic Engineering(EIConRus)*, pp.408~411.

Westerlund, M.(2019). The Emergence of Deepfake Technology: A Review. *Technology Innovation Management Review, 9*, pp.39~52.

03
인공지능과 개인정보

인공지능 기술의 발전은 일상생활에서부터 첨단 산업에 이르기까지 우리의 삶에 혁명적인 변화를 가져왔다. 삶이 편리함을 가져다주지만, 한편으로는 개인정보의 보호가 중요한 문제로 대두되고 있다. 온라인 검색, SNS 사용, 스마트폰 앱 등으로 수집되는 방대한 자료와 개인정보는 인공지능 학습에 중요한 자원을 제공하는 한편 사생활 침해의 핵심적인 원인이기도 하다.

인공지능과 편향?

인공지능에 의한 개인정보의 활용

4차 산업혁명과 함께 인공지능의 활용이 급속히 확대되고 있다. 이에 따라 인공지능이 수집하고 처리하는 데이터의 성격과 그 법적 지위에 관해서도 관심이 쏠리고 있다. 인공지능 기술이 인간의 외형과 정체성을 거의 그대로 묘사하거나 생성하는 수준까지 도달하면서, 기존의 개인정보 보호법 체계로는 충분한 보호가 쉽지 않을 수 있다. 특히 초상 이미지, 목소리, 신체 실루엣, 동작, 이름 등 개인을 식별할 수 있는 정보와 관련하여 개인정보 침해의 문제뿐만 아니라 초상권과 퍼블리시티권의 문제와도 직결된다.

인공지능이란

인공지능(Artificial Intelligence, AI)은 인간의 지적 능력을 모방하거나 이를 능가하는 기계를 개발하는 컴퓨터 과학의 한 분야다. 인공지능은 학습, 추론, 자연어 이해, 인식, 문제 해결 등의 지능적인 행동을 기계가 수행할 수 있도록 설계된 알고리즘과 시스템을 의미하기도 한다.

인공지능 개념의 기원은, 최초의 현대적인 컴퓨터를 개발한 영국의 수학자 앨런 튜링(Alan Turing)이 1950년에 기계는 생각할 수 있는가(Can Machines Think?)

에 관한 논의를 제기하면서 시작되었다고 할 수 있다. 이후 '인공지능'이라는 용어는 1956년 존 매카시(John McCarthy), 마빈 민스키(Marvin Minsky), 클로드 섀넌(Claude Elwood Shannon) 등의 학자들이 인공지능의 가능성을 논의한 '다트머스 여름 인공지능 연구 프로젝트(Dartmouth Summer Research Project on Artificial Intelligence)'에서 처음 사용되었다. 이 다트머스 컨퍼런스(Dartmouth Conference)는 인공지능을 학문 분야로 공식화하고 인공지능 연구를 체계적으로 시작하는 계기이자 인공지능 연구의 초석을 다진 역사적인 사건이라고 할 수 있다. 이후 인공지능은 이론적 개념에 머무르지 않고 학제 간 연구 영역으로 성장하였으며, 자율주행 자동차, 의료 진단, 로봇 공학, 챗봇(chatbot), 금융분석, 군사 시스템 등 다양한 분야에 걸쳐 실질적인 영향을 미치고 있다.

인공지능의 종류와 주요 기술

인공지능의 기능과 역량에 따라 여러 범주로 분류된다. 인공지능의 기능에 따라 좁은 인공지능(Narrow AI), 범용 인공지능(General AI, AGI), 초지능(Superintelligence)으로 분류할 수 있다. 좁은 인공지능은 특정 작업에 특화된 인공지능으로, 현재 대다수 인공지능이 이 분류에 해당한다. 예를 들어, 음성 인식 시스템(Siri, Alexa), 스팸 필터링, 바둑 인공지능 등이 있다. 범용 인공지능은 인간처럼 다양한 지식 영역에서 문제를 해결할 수 있는 범용적인 인공지능이고, 초지능은 인간의 인지 능력을 초월하는 개념의 인공지능이다.

기술 구현 방식에 따른 인공지능 분류로는 기계 학습(Machine Learning), 딥러닝(Deep Learning), 규칙 기반 인공지능(Rule-based AI)을 들 수 있다. 기계 학습은 데이터를 기반으로 스스로 학습하는 알고리즘으로 지도 학습(Supervised), 비지도 학습(Unsupervised), 강화 학습(Reinforcement Learning) 등이 있다. 딥러닝은 인공신경망(Artificial Neural Network, ANN)을 기반으로 한 고도화된 머신러닝 기법으로, 이미지 분석, 자연어 처리 등에 유용하다. 규칙 기반 인공지능은 명시된 규칙을 기반으로 작동하는 인공지능 방식으로 챗봇, 게임, 전문가 시스템 등에 활용된다.

인공지능의 주요 기술로는 기계 학습(Machine Learning), 딥러닝(Deep Learning), 자연어 처리(Natural Language Processing, NLP), 컴퓨터 비전(Computer Vision), 지식 표현 및 추론(Knowledge Representation

& Reasoning), 강화 학습(Reinforcement Learning), 생성형 AI(Generative AI) 등을 들 수 있다.

인공지능에 의한 개인정보 활용

인공지능 기술이 사회 전반에서 활용되면서 다양한 법적 문제가 제기된다. 인공지능은 대량의 데이터를 기반으로 하므로 개인정보도 인공지능에 의해 활용된다. 인공지능 학습에 얼굴 이미지, 목소리, 행동 패턴 등의 비정형 데이터가 분석되고 이 과정에서 개인정보는 핵심적 자원이 된다. 예를 들어 딥페이크 기술을 활용하여 원본 인물의 동의 없이 생성된 콘텐츠가 개인 식별성과 결합되면 성폭력처벌법 위반, 초상권 및 개인정보 침해, 명예훼손 등에 해당할 수 있다.

개인정보의 개념

개인정보 보호법상 개인정보는 살아 있는 개인에 관한 정보로서 성명, 주민등록번호 및 영상 등을 통하여 개인을 알아볼 수 있는 정보 및 해당 정보만으로는 특정 개인을 알아볼 수 없더라도 다른 정보와 쉽게 결합하여 알아볼 수 있는 정보이다(개인정보 보호법 제2조 제1호). 이 경우 쉽게 결합할 수 있는지 여부는 다른 정보의 입수 가능성 등 개인을 알아보는 데 소요되는 시간, 비용, 기술 등을 합리적으로 고려하여야 한다. 얼굴 이미지, 목소리, 생체 정보 등도 개인정보에 포함된다.

개인정보 보호 원칙

인공지능이 개인정보를 포함한 정보를 수집, 학습, 생성하는 과정에서 2차적으로 재가공될 수 있다. 이러한 인공지능의 정보 처리는 유럽연합의 일반개인정보보호규정(General Data Protection Regulation, GDPR)에 나타난 '목적 제한 원칙(purpose limitation principle)'과 충돌할 수 있다. 이 원칙은 개인정보는 특정되고 명확하고 합법적인 목적을 위해서만 수집되어야 한다는 원칙이다(Art. 5 GDPR). 또한 한국 개인정보 보호법상 '목적에 필요한 범위에서 최소한의 개인정보만을 적법하고 정당하게 수집하여야 한다'(개인정보 보호법 제3조 제1항)는 원칙과 충돌될 수 있다. 특히, 인공지능의 얼굴 정보 인식이나 딥페이크 기술의 경우 원본 인물의 동의 없이 생성된 콘텐츠가 개인 식별성과 결합될 때, 한국법상 성폭력처벌법 위반, 초상권 및 개인정보 침해, 명예훼손 등에 해당할 수 있다.

인공지능 및 개인정보 관련 법제

인공지능은 사회, 경제, 정치 전반에 영향을 미치는 핵심 기술로 부상하였으며, 이에 따라 발생하는 법적, 윤리적 문제에 대한 새로운 규범 정립이 필요하다. 인공지능은 학습 과정에서 대량의 데이터를 기반으로 하며, 데이터의 상당 부분은 개인 식별이 가능한 정보(Personal Identifiable Information, PII), 즉 다른 정보의 개입이 없어도 개인을 바로 식별할 수 있는 정보다. 이에 따라 개인정보는 물론 사생활이 침해될 수 있으며, 이를 방지하기 위해 각국은 개인정보 보호법제나 인공지능 관련 규정을 마련하고 있다. 유럽연합은 최초의 인공지능에 관한 포괄적인 법인 인공지능법(Artificial Intelligence Act, AI Act)을 제정하였고, 유럽연합의 인공지능법은 유럽연합 전체에 직접 적용되며 유럽연합의 디지털 시장 내 법적 일관성을 도모하기 위한 것이다.

한국의 경우 개인정보 보호법을 통해 유럽연합의 GDPR 수준으로 개인정보를 보호하고, 인공지능과 관련하여 인공지능기본법(인공지능 발전과 신뢰 기반 조성 등에 관한 기본법)이 제정되어 있다.

참고문헌

김병록(2020). “인공지능의 헌법적 쟁점과 과제”. 《법학논총》, 27(2), 87~135쪽.

신영진(2021). “우리나라의 인공지능(AI)서비스를 위한 개인정보보호 개선방안”. 《융합정보논문지》, 11(3), 20~33쪽.

이인호(2020). “지능정보사회에서 개인정보보호의 법과 정책의 패러다임 전환”. 《과학기술과 법》, 11(2), 251~292쪽.

최경진(2017). “4차 산업혁명 시대의 개인정보보호법제 개선방안”. 《법제연구》, 53, 177~211쪽.

「개인정보 보호법」.

「민법」.

「성폭력범죄의 처벌 등에 관한 특례법」.

「형법」.

EU Artificial Intelligence Act.

Regulation (EU) 2016/679 of the European Parliament and of the Council of 27 April 2016 on the protection of natural persons with regard to the processing of personal data and on the free movement of such data, and repealing Directive 95/46/EC (General Data Protection Regulation).

04
빅데이터와 초상 정보

4차 산업혁명은 대용량의 방대한 정보를 수집하고 분석하는 빅데이터 기술을 근간으로 한다. 빅데이터 기술은 인공지능, 사물인터넷, 클라우드 컴퓨팅 등 다른 4차 산업혁명 기술과의 융합을 통해 데이터 저장뿐만 아니라 데이터 분석과 예측까지 가능하게 하는 4차 산업혁명의 핵심 기술이다. 그러나 빅데이터 기술의 발전은 초상 정보를 포함한 개인정보의 보호를 위태롭게 한다.

청각장애인과 AI?

빅데이터의 개념 및 기술적 특징

빅데이터란 대용량의 정형화된 데이터와 비정형화된 데이터를 포괄하며 데이터의 규모(volume), 데이터 생성 및 처리 속도(velocity), 데이터의 다양성(variety), 정확성(veracity), 가치(value)를 포함하는 복합적 개념이다. 빅데이터에는 텍스트, 사진, 영상, 음성 등의 비정형 데이터가 전체 데이터의 약 80% 이상을 차지하며, 정형 데이터뿐만 아니라 비정형 데이터를 실시간으로 수집, 분석하여 해석 및 가치를 추출하는 기술이 빅데이터의 중요한 부분이다.

빅데이터의 주요 기술로는 분산 파일 시스템(HDFS), 병렬 처리(예: MapReduce), 실시간 스트리밍 분석(Spark), 고급 데이터 마이닝 및 인공지능 기반 예측 기법 등을 들 수 있다. 빅데이터 기술은 단일 기술이 아닌 데이터 처리의 전체 흐름을 지원하는 통합적 기술로 구성되며 실시간성, 유연성, 확장성, 자동화 가능성 등이 핵심적인 특징이다.

빅데이터의 활용

빅데이터는 산업 전반에서 경영 의사 결정, 고객 맞춤형 서비스, 공급망 최적화, 리스크 관리 등에 활용되며, 공공 분야에서는 교통, 보건, 환경, 재난 대응, 범죄 예방 등 사회 전반의 의사 결정에 기여하고 있다. 특히 팬데믹 상황에서는 통신사 위치 정보, 카드 사용 이력, 감염자 동선 데이터 등을 활용한 감염병 예측 및 대응이 효과적으로 이루어졌다. 이러한 데이터 기반 의사 결정 모델은 효율성과 비용 절감 효과를 제공하지만 동시에 프라이버시 침해, 데이터 불균형 등의 문제를 초래하기도 한다.

빅데이터 관련 법

대한민국

빅데이터 활용과 산업 발달에 개인정보의 보호가 중요한 문제이자 장애 요인이다. 우리나라는 개인정보 보호법을 중심으로 개인정보의 보호와 빅데이터의 활용 간의 균형을 추구하는 것을 정책의 목표로 표방한다. 빅데이터와 관련한 법으로는 개인정보 보호법, 정보통신망법, 신용정보법 등의 데이터 3법과 공공데이터법을 들 수 있다. 개인정보 보호법에서는 빅데이터 기술을 고려하여 가명 정보 개념을 도입하였다. 온라인상 개인정보 보호에 관한 내용을 포함하는 정보통신망법에서는 개인정보 유출 및 오남용에 대한 처벌 규정을 강화하였다. 신용정보법에서는 금융 분야의 빅데이터 활용을 위한 가명 처리 및 가명 정보 활용의 근거 조항을 두었다. 공공기관이 보유, 관리하는 데이터의 제공 및 이용 활성화에 관한 사항을 규정한 공공데이터법은 공공기관의 데이터 개방 의무와 민간의 활용 절차 등을 규정하고 있다.

국내적으로 빅데이터의 활성화를 위하여 2020년에 개인정보 보호법에 가명 정보 개념을 도입하였고, 통계 작성, 과학적 연구, 공익적 기록 보존 등을 위하여 정보 주체의 동의 없이 가명 정보를 처리할 수 있도록 하였다. 개인정보 보호법상 개인정보를 처리하기 위해서는 원칙적으로 정보 주체의 동의를 얻어야 하지만, 가명 정보를 활용함으로써 정보 주체의 동의 없이 빅데이터 분석의 법적 근거가 마련되었다. 또한, 가명 정보의 재식별화를 금지하고, 접근 통제 등의 기술적 · 관리적 보호 조치를 의무화하고 있다.

유럽연합

유럽연합은 GDPR를 통해 빅데이터 환경에서의 개인정보 보호 기준을 두고 있다. GDPR는 데이터 최소화 원칙, 처리 목적의 명확성, 데이터 이동권, 설명 가능성, 자동화된 결정에 대한 이의 제기권 등을 핵심으로 하며, '프로파일링' 및 '자동화된 처리'에 의한 결정에 대해 엄격한 통제를 요구하고(제22조), 가명 처리(pseudonymization) 및 익명 처리(anonimization)를 명확하게 구분하여 빅데이터 분석의 범위를 제한적으로 허용하고 있다.

미국

미국은 연방 차원의 통합적 개인정보 보호법이 존재하지 않는다는 점에서 한국과 유럽연합의 법체계와 큰 차이가 있다. 다만, 의료 정보 보호(HIPAA, Health Insurance Portability and Accountability Act), 아동 온라인 개인정보 보호(COPPA, Children's Online Privacy Protection Act), 금융 정보 보호(GLBA, Gramm-Leach-Bliley Act), 신용 정보 보호(FCRA, Fair Credit Reporting Act) 등 민감한 분야 및 일부 산업 분야에서 개인정보를 보호하는 법이 있다.

미국의 경우 연방법상의 개인정보 보호법이 제정되어 있지 않지만, 주별 및 산업별로 개인정보를 보호하고 있다. 캘리포니아주의 경우 소비자 프라이버시법(California Consumer Privacy Act, CCPA)은 데이터 판매 거부권, 접근권, 삭제권 등의 내용을 보장하지만, 유럽연합의 GDPR 수준의 엄격한 통제 및 보호는 적용하지 않는다. 그 밖에 버지니아주 및 콜로라도주 등의 개별 주법에 따라 빅데이터의 활용 가능 범위가 다르다.

빅데이터와 초상의 관련성

오늘날 CCTV, 스마트폰, 드론, 웨어러블 기기 등 디지털 기기의 활성화와 소셜 미디어 및 영상 스트리밍 등 디지털 플랫폼의 확산으로 대량의 초상 정보가 수집되고 있다. 초상 정보(肖像情報, facial image data)는 다양한 개인정보 가운데 특히 민감한 생체 정보의 하나라는 점에서 중요성이 강조되고 빅데이터 처리 대상의 핵심 요소다. 초상 정보는 시각적 요소를 기반으로 개인의 신원뿐 아니라 민감한 속성까지 추론할 수 있는 근거 자료로 활용될 수 있는데, 특히 식별성 및 결합 가능성이 커서 다른 정보와 결합되면 개인을 식별하거나 프로파일링할 가능성이 크다는 점에서 특히 위험하다. 예를 들어, 얼굴 인식 기술(Facial Recognition Technology, FRT)은 공공 및 민간 영역에서 영상 기반의 대규모 데이터 수집·분석을 가능하게 하며, 개인 식별 및 감정 분석, 행동 예측 등 고도화된 프로파일링에 활용된다.

빅데이터에서는 초상 정보가 비정형 데이터의 하나로 처리되는데 이러한 빅데이터 기술로 인하여 정보 주체의 동의 없이 초상 정보가 수집되고 활용되는 경우 초상권 및 사생활이 침해될 수 있다. 빅데이터와 빅데이터를 기반으로 한 인공지능 기술의 결합은 초상 정보의 활용을 극대화하고 초상을 둘러싼 권리의 침해 가능성도 확대되고 있다. 유럽연합은 GDPR 제22조에서 프로파일링 및 자동화된 의사 결정을 제한하고 있으며, 미국 일리노이주는 2008년 제정된 BIPA(Biometric Information Privacy Act)를 통해 얼굴 인식 데이터를 포함한 생체 정보의 상업적 활용을 규제한다. 빅데이터와 인공지능 등 첨단 기술 환경에서 초상 정보의 활용에 관한 법·제도의 정비와 윤리적 규범 및 사회적 교육이 요구된다.

참고문헌

Biometric Information Privacy Act (BIPA).

Children's Online Privacy Protection Act (COPPA).

Fair Credit Reporting Act (FCRA).

Gramm-Leach-Bliley Act (GLBA).

Health Insurance Portability and Accountability Act (HIPAA).

Regulation (EU) 2016/679 of the European Parliament and of the Council of 27 April 2016 on the protection of natural persons with regard to the processing of personal data and on the free movement of such data, and repealing Directive 95/46/EC (General Data Protection Regulation).

05
초상권 침해 사례

초상권은 개인의 얼굴, 신체, 목소리 등 특정 개인을 식별 가능한 외적 특성에 대한 권리다. 초상을 무단으로 사용하는 경우 초상권 침해에 해당할 수 있다. 최근 SNS의 활발한 이용과 미디어의 발달 등으로 타인의 사진이나 영상을 허락 없이 온라인상에 게시하는 사례가 증가하였다. 이러한 초상권 침해는 다양한 양상으로 나타나고 있다.

AI 콘텐츠 크리에이터?

유명 연예인과 사진 찍은 일반인 초상 공개 사건

미국 영화배우 윌 스미스(Will Smith)는 자신이 출연하는 영화를 홍보하기 위해 한국을 방문하여 영화 홍보 행사에 참석하였다. 이 행사에서 윌 스미스와 그의 한국 팬이 함께 사진을 촬영하였고 사진을 찍는 장면을 한 TV 방송프로그램이 무단으로 방송으로 내보냈다. 윌 스미스와 함께 사진을 찍던 한국인(신청인)은 자신의 얼굴을 무단으로 방송프로그램에서 공개한 것에 대하여 초상권 침해를 주장하였다. 신청인은 '공공의 이익과 관련 없는 개인의 초상을 모자이크 처리도 없이 무단으로 방송에 보도하여 자신의 초상권이 침해되었다'는 이유로 200만 원의 손해배상을 구하는 조정을 신청하였다. 조정 심리 결과 신청인의 초상을 방송을 통해 공개하고 보도한 피신청인은 신청인에게 100만 원의 손해배상금을 지급하는 조건으로 당사자 간에 조정이 성립되었다.

폭행 및 현수막 게시를 촬영한 사건: 대법원 2021.4.29.선고 2020다227455 판결

사건 개요

아파트에 거주하던 A는 아파트 층간 소음을 일으키는 B

에게 항의하러 갔고, B는 층간 소음에 항의하는 A를 폭행하여 상해를 입혔으며, A는 이 장면을 휴대전화로 촬영하였다. 또한, B는 자신이 거주하는 단지의 아파트 관리 방법에 반대하는 현수막을 관리사무소에 신고하지 않고 게시하려고 하였고 이를 본 아파트 주민들은 B가 현수막을 게시하는 것을 저지하였다. B는 현수막 게시를 저지하는 아파트 주민들에게 욕설하고 위협적인 행동을 하였다. 이 상황을 A가 휴대전화로 촬영하여 입주자대표회의 회장에게 전송하였고, 입주자대표회의 회장은 관리소 소장 및 해당 아파트의 동대표 14인에게 전송하였다. 영상을 촬영 당한 B는 초상권 침해를 주장하며 손해배상을 청구하였다.

이 사건 촬영의 초상권 침해 여부 판단

(1) 폭행 장면 촬영에 관하여

층간 소음에 항의하는 A를 B가 폭행하는 장면을 촬영한 것에 대하여, 대법원은 '층간 소음 문제로 감정이 격해져 욕설과 폭력이 행사될 가능성이 있어 형사 절차와 관련하여 증거를 수집 · 보전하고 전후 사정의 자료를 수집하기 위해서 촬영할 필요가 있었다. 촬영 행위는 형사 절차상 증거 보전의 필요성, 긴급성, 방법의 상당성이 인정되므로 사회상규에 위배되지 않는다'고 판단하여 위법성을 조각한 원심 판결은 정당하다고 판시하고, 폭행 장면 촬영 행위에 대한 손해배상책임을 인정하지 않았다.

(2) 현수막 게시 현장 촬영에 관하여

대법원은 '공동주택관리법 시행령 제19조 제2항 제3호에 따르면 입주자는 공동주택에 광고물 · 표지물 또는 표지를 부착하는 행위를 하려는 경우에 관리 주체의 동의를 받아야 하는데, B는 동의를 받지 않고 무단으로 현수막을 게시하였다. B가 게시한 현수막의 내용은 관리 주체의 아파트 관리 방법에 관한 반대의 의사표시로서 자신의 주장을 입주자들에게 널리 알리기 위한 것이다. 이러한 공적 논의의 장에 나선 사람은 사진 촬영이나 공표에 묵시적으로 동의하였다고 볼 수 있다. B에 대한 동영상이 관리 주체의 구성원인 관리소장과 동대표들에게만 제한적으로 전송된 사정을 고려하면 B의 현수막 게시 장면의 촬영은 행위 목적의 정당성, 수단 · 방법의 보충성과 상당성 등을 참작할 때 B가 수인하여야 하는 범위에 속한다'고 하여 위법성이 조각된다고 판단하고 현수막 게시 장면을 촬영한 행위에 대해서도 손해배상책임을 인정하지 않았다.

(3) 판결의 검토

이 사건은 초상권의 침해 주장과 위법성 조각 사유 간의 충돌이 있었던 사례로서, 대법원은 증거 수집과 보전이 필요한 모든 경우에 일률적으로 위법성이 조각될 수 없는 것이 아니지만, 본 사안의 경우에서처럼 B의 초상권에 비하여 B의 폭행 장면을 촬영하는 행위로 인한 이익이 더 크다면 촬영 행위의 위법성이 조각된다고 보아, 이 사안의 전반적인 상황을 고려하여 위법성 조각 여부를 판단하였다는 점에서 적절한 판단이었다고 보인다.

SNS 및 온라인 플랫폼에서의 초상권 침해

SNS에 게시한 타인의 사진을 동의 없이 게시한 사건:
서울중앙지방법원 2016.7.21.선고 2015가단5324874 판결

네일숍을 운영하는 원고는 인스타그램, 페이스북 등 사회관계망 서비스(SNS, Social Network Service)를 이용하여 영업 활동을 하던 중 '파리게이츠' 상표의 골프웨어를 입은 자신의 사진을 인스타그램에 게시하였다. '파리게이츠' 상표의 골프웨어를 수입하는 회사인 피고는 인스타그램에 게시된 해당 사진을 원고의 동의 없이 자신이 운영하는 '파리게이츠' 센텀시티점의 네이버밴드와 피고 회사의 페이스북에 게시하였다.

법원은, 사람은 누구나 자신의 얼굴 기타 사회 통념상 특정인임을 식별할 수 있는 신체적 특징에 관하여 함부로 촬영 또는 그림 묘사되거나 공표되지 아니하며 영리적으로 이용당하지 않을 권리를 가지고, 고도로 정보화된 현대 사회에서 자신에 대한 정보를 자율적으로 통제할 수 있는 적극적인 권리도 가진다. 따라서 초상권에 대한 부당한 침해는 불법행위를 구성하고(대법원 2006. 10. 13. 선고 2004다16280 판결), 그 침해를 당한 사람에게는 특별한 사정이 없는 한 정신적 고통이 수반된다고 봄이 상당하다. 피고들이 무단으로 이 사건 사진을 사용한 것은 원고의 초상권을 침해한 것으로 위법하고, 원고는 그로 인하여 정신적 고통을 입었다고 봄이 상당하다. 피고들이 이 사건 사진을 네이버밴드 또는 페이스북에 영리 목적으로 이 사건 사진을 무단으로 사용한 것은, 원고가 예상하거나 허락한 범위를 넘는 것으로서 원고의 자기 정보에 대한 통제권 및 초상이 영리적으로 이용당하지 않을 권리를 정면으로 침해하는 위법한 행위로서 피고는 원고에게 손해배상금을 지급해야 한다고 판시하였다. 이 사안에서 법원은 초상권 침해를 사생활 보호 차원에서뿐만 아니라 영리적으로 이용당하지 않을 권리로

파악하였으며(대법원 2006.10.13.선고 2004다16280), 초상권은 퍼블리시티권 보호와도 밀접하게 연결된다.

딥페이크 영상 사건: 서울중앙지방법원 2024고단2634

S대 출신인 P씨 등은 2020년 7월부터 2024년 4월까지 대학 동문 등 여성 수십 명의 사진을 대상으로 허위 영상물 400여 개를 제작하고 1700여 개를 유포한 사건이다.

서울중앙지법은 '성명불상의 피해자들을 대상으로 가짜 영상물을 편집 · 가공하고, 반복적으로 텔레그램에 게시 · 전송하였으며, 익명성이 보장되는 인터넷 환경에서 소셜 네트워크의 거의 무제한적인 접근 가능성과 익명성 및 디지털 편집 도구의 편리성을 악용해 왜곡된 성적 욕망을 표출하거나 만족시키기 위해 여성을 성적으로 대상화하고 도구화하였다. 이는 피해자들의 인격을 몰살함과 같은 것으로 엄벌이 필요하다'고 지적했다.

또한, 법원은 '인터넷과 휴대전화의 기능이 발전하면서 일상을 촬영하고 이를 기록으로 남기기 위해 소셜 네트워크에 사진을 게시하는 현대인들의 일상적인 행위가 범죄의 대상이 되어 인터넷으로 유포됐다. 피해자들이 느낄 성적 굴욕감 내지 불쾌감 및 정신적 충격은 헤아릴 수조차 없다'고 설시하였다. 이 사례는 기술의 발전에 따라 새롭게 나타나고 있는 초상권 침해의 유형이다.

공공성 있는 분쟁 방송 장면에서 초상을 공개한 사례

올림픽 개막식의 참가비와 관련한 분쟁 장면을 촬영하여 약 32초간 원고의 얼굴이 드러나게 방송한 사안으로, 원고는 초상권 침해를 주장하였다. 원심은 '이 사건 방송이 원고의 초상권을 침해하였고 원고가 입는 피해의 정도나 피해 이익의 보호 가치가 그로써 달성할 수 있는 공익보다 크거나 우선하므로 위법성도 조각되지 않는다'고 판단하였다.

대법원은 '이 사건 방송으로 원고의 초상권이 침해되었다고 하더라도 위법성이 조각되어 피고들의 행위가 불법행위를 구성하지 않고, 원고는 이 사건 센터의 대표로서 스스로 얼굴을 공개하며 반론 인터뷰를 하였으므로 이 사건 방송 내용은 공공성 · 사회성이 있어 공적 관심사에 해당한다. 이 사건은 공공의 이익을 위한 것으로 공론의 필요성도 인정되고 원고의 사진과 영상이 사용되고 원고의 이름이 표시된 것이 사회통념상 상당한 범위를 넘었다고 볼 수 없다. 이 사건 방송을 통한 피고들의 표현의 자유가 초상권 침해로 인한 원고의 피해보다 결코 가볍다고 볼 수 없다'고 판시하였다. 공론의 필요성에 따라서는 표현의 자유가 초상권보다 우선적으로 고려될 수 있다.

참고문헌

2013서울조정592.
서울중앙지방법원 2016.7.21. 선고 2015가단5324874 판결.
서울중앙지방법원 2024.8.28. 선고 2024고단2634 판결.
대법원 2006.10.13. 선고 2004다16280 판결.
대법원 2007.12.27. 선고 2007다29379 판결.
대법원 2021.4.29. 선고 2020다227455 판결.

06
퍼블리시티권 침해 사례

퍼블리시티권은 사진 기술 및 영상 기술이 발달하면서 본격적으로 대두되었고 디지털 기술이 발달하면서 더욱 중요한 권리가 되고 있다. 디지털 플랫폼과 인공지능의 활용이 확대됨에 따라 퍼블리시티권은 첨단 기술의 발전과 결합하여 현대 산업 사회에서 중요한 권리로 자리 잡았다. 기술의 발달에 따라 침해 양상도 더욱 다양해지고 있는 여러 유형의 퍼블리시티권 사례를 살펴본다.

AI와 민주주의?

퍼블리시티권의 침해 유형

광고를 통한 퍼블리시티권 침해

사람의 초상, 성명, 사진, 음성 등 그 사람을 다른 사람과 구별되게 하는 특징을 그 사람의 허락 없이 광고에 이용하는 형태가 가장 흔히 발견되는 퍼블리시티권 침해 유형의 하나다. 광고에 의한 퍼블리시티권 침해는 그 사람의 동의 없이 성명, 초상 등을 광고에 이용하였다는 것만으로 성립한다. 이때 광고는 상업적 광고뿐만 아니라 비영리단체의 홍보 등도 포함된다.

광고를 통한 퍼블리시티권 침해 사례로서 배너 화이트 vs. 삼성전자 사건[White v. Samsung Electronics America, Inc., 971 F.2d 1395(9th Cir. 1992)]을 들 수 있다. 삼성전자 광고에 미국의 TV 퀴즈 프로그램 휠오브포춘(Wheel of Fortune)의 진행자 배너 화이트(Vanna White)를 연상시키는 로봇이 등장하였는데 이 로봇의 행동은 휠오브포춘 프로그램의 실제 진행자 배너 화이트를 연상시킨다는 이유로 소송이 제기되었다. 미국 제9연방항소법원은 '광고에서 직접적으로 실제 인물의 이미지나 초상이 사용되지 않았더라도, 대중이 특정 인물을 연상할 수 있는 장면이 광고에서 사용되었다면 퍼블리시티권 침해에 해당할 수 있다'고 판시하였다. 법원은 해당 광고가 퀴즈 진행자인 화이트의 외모를 직접적으로 사용하지 않았지만, 광고 장면의 정황을 통해 퀴즈쇼 휠오브포춘의 진행자인 화이트를 연상시키고, 화이트의 이미지를 상업적으로 이용했으므로 퍼블리시티권 침해에 해당한다고 판단하였다. 특정 인물의 초상을 직접 사용하지 않더라도 그 인물을 연상할 수 있는 이미지나 상황을 사용한다면 퍼블리시티권 침해에 해당할 수 있음을 확인한 사례다.

이러한 권리 침해는 개별 권리자에게 피해를 줄 뿐만 아니라 나아가 시장 전체의 공정 경쟁 질서를 훼손할 수 있다. 따라서 퍼블리시티권 침해에 대한 판단은 개인적 권리 구제의 문제에 병행하여 경쟁법적 · 정책적 의미를 함께 고려해야 한다.

상표를 통한 퍼블리시티권 침해

상표법상 저명한 타인의 성명 · 명칭 또는 상호 · 초상 · 서명 · 인장 · 아호(雅號) · 예명(藝名) · 필명(筆名) 또는 이들의 약칭을 포함하는 상표에 관해 그 타인의 승낙을 받은 경우에는 상표 등록을 받을 수 있다. 타인의 승낙 없이 초상이나 성명을 상표 또는 상호로 이용하거나 제품명으로 사용하는 경우에는 퍼블리시티권 침해에 해당하기도 한다. '한국프로야구 2005'라는 야구 게임에 등장하는 인물들에게 현실 세계의 실제 야구 선수들의 이름을 붙인 사례에서, 법원은 '유명 프로야구 선수들의 허락을 받지 아니하고 그 성명을 사용한 게임물을 제작하여 상업적으로 이동통신회사에 제공한 것은 위 프로야구 선수들의 성명권 및 퍼블리시티권을 침해한 것으로 불법행위에 해당한다'고 판시하였다(서울중앙지법 2006. 4. 19. 선고 2005가합80450 판결). 이 판결은 유명한 운동선수의 이름을 게임에서 사용하는 경우 퍼블리시티권 침해에 해당함을 확인하였다.

반면, 퍼블리시티권보다 표현의 자유를 우선하여 인정한 사례도 있다. 판타지 스포츠 운영사인 C.B.C.사는 미국 메이저리그(Major League) 야구 선수들의 이름과 통계를 허락 없이 사용했고, 이에 해당 이름 및 통계에 대한 권리를 보유한 메이저 리그 베이스볼 어드밴스드 미디어(MLBAM, Major League Baseball Advanced Media)가 소송을 제기하였다. 이 사건은 퍼블리시티권과 수정헌법 제1조, 즉 표현의 자유 간의 충돌이 문제가 되었다. 제8 순회항소법원은 C.B.C.의 손을 들어주어, 수정헌법 제1조에 명시된 표현의 자유가 선수들의 퍼블리시티권에 우선한다고 판단했다[C.B.C. Distribution and Marketing, Inc. 대 Major League Advanced Media, L.P., 505 F.3d 818 (8th Cir. 2007)].

보도 등에서의 퍼블리시티권 침해

퍼블리시티권은 언론의 자유와 관련하여 논의되기도 한다. 퍼블리시티권을 주장하여 보도 등에서 초상의 사용을 금하는 경우 헌법 기본권인 언론의 자유가 제한될 수 있다. 사실을 보도하기 위하여 특정인의 초상 등을 허락 없이 사용하는 경우라도 퍼블리시티권의 침해에는 해당하기 어렵다. 다만 이때에는 명예훼손이나 인격적인 권리인 초상권에 대한 침해는 성립할 수 있다. 특정 인물에 관한 사실의 보도에서 그 인물을 나타내기 위하여 초상 등을 사용하는 경우에는 퍼블리시티권 침해에 해당하지 않지만, 허위 보도에 초상 등을 사용하는 경우에는 퍼블리시티권의 침해에 해당할 수 있다.

창작 등에서의 퍼블리시티권 침해

특정인의 허락 없이 그 특정인을 모델로 소설이나 영화 등을 창작하거나 제작하는 경우에도 퍼블리시티권이 침해될 수 있다. 다만 우리 판례에서는 그 특정인이 사회적인 귀감의 대상인 경우 퍼블리시티권 침해를 인정하지 않았다. 1989년 김영사에서 발행된 '세계는 넓고 할 일은 많다'라는 에세이집이 기업인 김우중을 모델로 한 평전으로 출판되자, 김우중은 자신의 승낙이나 동의를 받지 아니하고 무단으로 책의 표지 및 광고에 자신의 사진을 게재하고, 서적의 저작, 인쇄, 반포 등에 김우중 본인이 관련되어 있는 것처럼 오해하도록 하고, 김우중의 가족 관계 등을 무단 기재하여 김우중의 초상권과 성명권, 프라이버시권을 침해하여 명예를 훼손하였다고 주장한다. 법원은 '위 평전으로 인하여 김우중의 명예는 오히려 더욱 높아졌다고도 볼 수 있으므로, 동의를 얻지 않고 쓰여졌다는 것만으로 명예가 훼손되었다고 볼 수 없다 … 우리나라 국민들에게 많은 귀감이 될 수 있는 뛰어난 기업인으로서 이미 우리 사회의 공적 인물이 되었다고 볼 수 있는 경우 그 사람은 자신의 사진, 성명, 가족들의 생활상이 공표되는 것을 어느 정도 수인하여야 한다. 그 사람을 모델로 하여 쓰여진 평전의 표지 및 그 신문광고에 사진을 사용하거나 성명을 표기하는 것, 그 내용에 가족관계를 기재하는 것은 위 평전이 그 사람의 명예를 훼손시키는 내용이 아닌 한 허용되어야 한다'고 판시하였다(서울지방법원 1995.9.27.자 95카합3438 결정). 즉, 사회적으로 비난의 대상이 아니라 귀감의 대상이 되어 특정인 및 그 가족의 초상이나 성명 등이 사용되는 경우에는 특정인과 그 가족들의 사회적인 인지도를 고려하여 초상이나 성명 등이 사용되더라도 받아들여야 한다는 입장을 보여 준다.

기타 영역에서의 퍼블리시티권 침해

초상을 상업적으로 이용하는 것 외에도 건물 등에 특정인의 이름을 붙여서 사용하는 행위도 퍼블리시티권 침해에 해당할 수 있다. 다만 건물 이름 등에 특정인의 이름을 붙여 사용하는 경우 그 특정인에게 존경을 표하거나 그 특정인의 생전의 주장이나 교훈 등을 세상에 알리기 위한 것이고, 관련 수익금을 타당한 목적으로 사용한다면 퍼블리시티권의 침해에 해당하지 않을 수 있다. 영국 작가 디에이치 로렌스(D.H. Lawrence)의 생애를 바탕으로 한 영화 또는 연극을 제작하기 위한 프로젝트가 있었는데 로렌스의 유족이 퍼블리시티권 등을 주장할 가능성에 대비하여 프로젝트의 이해관계자인 사우스 뱅크(Southeast Bank)는 유족이 퍼블리시티권을 주장하는 것은 부당하다고 먼저 소송을 제기하였다. 뉴욕주 항소법원은 '그 작가의 이름을 극장 이름으로 정한 것이 극

작가를 기념하기 위한 목적이 아니라 그 작가의 이름을 이용하여 재산적인 이익을 보기 위한 것이라면 퍼블리시티권 침해에 해당한다'고 판시하였다[Southeast Bank, N.A. v. Lawrence, 483 N.Y.S.2d 218(App. Div. 1984)]. 극작가를 기리고 존경을 표하기 위한 목적에서 극작가의 이름을 사용하였다면 퍼블리시티권 침해에 해당하지 않을 수 있었으나 경제적 이익을 얻기 위하여 작가의 이름을 사용함으로써 퍼블리시티권 침해에 해당한다고 본 사례다.

참고문헌

서울지방법원 1995.9.27.자 95카합3438 결정.
서울중앙지법 2006.4.19. 선고 2005가합80450 판결.
C.B.C. Distribution and Marketing, Inc. v. Major League Advanced Media, L.P., 505 F.3d 818(8th Cir. 2007).
Southeast Bank, N.A. v. Lawrence, 483 N.Y.S.2d 218(App. Div. 1984).
White v. Samsung Electronics America, Inc., 971 F.2d 1395(9th Cir. 1992).

07
초상권 및 퍼블리시티권과 현행 법규

초상권과 퍼블리시티권은 초상에 근거한다는 점에서 공통점을 가지지만 인격권과 경제적 권리라는 점에서 차이가 있고 국가마다 다른 근거법을 두고 있다. 초상권의 경우 일반적인 인격권에 근거하여 보호되는 경우가 다수이고, 퍼블리시티권의 경우 초상권과 별도의 보호법을 두는 국가도 있으나 초상권과 동일한 근거 규정을 공유하는 경우도 있다.

AI와 애니메이션?

국내 초상권 관련 법제

대한민국에는 초상권을 직접 규율하는 명문 규정은 존재하지 않으나 초상권을 보호하는 여러 근거 규정이 있다. 헌법, 민법, 정보통신망 이용 촉진 및 정보 보호 등에 관한 법률, 성폭력범죄의 처벌 등에 관한 특례법, 개인정보 보호법 등을 근거로 초상권이 보호될 수 있다.

헌법

헌법 제10조는 인간의 존엄과 가치, 행복추구권을 규율하고 있으며, 초상권을 비롯한 인격권의 근거가 된다.

> 헌법 제10조. 모든 국민은 인간으로서의 존엄과 가치를 가지며, 행복을 추구할 권리를 가진다. 국가는 개인이 가지는 불가침의 기본적 인권을 확인하고 이를 보장할 의무를 진다.

헌법 제17조를 근거로 사생활의 비밀과 자유가 보장되고, 초상권은 사생활의 비밀과 자유에 근거하여 보호될 수 있다.

> 헌법 제17조. 모든 국민은 사생활의 비밀과 자유를 침해받지 아니한다.

민법

민법상 권리와 의무는 사회통념상 용인될 수 있는 정도의 신의성실에 부합하여야 하는데, 초상권이 사회통념상 용인될 수 없는 정도의 신의칙에 위반하는 경우 위법한 행위다. 예를 들어, 초상 주체의 동의 없이 사진을 촬영하여 악의적으로 배포하는 경우 사회통념상 용인되기 어려운 신의성실에 위배된 행위에 해당한다.

민법 제2조(신의성실).

①권리의 행사와 의무의 이행은 신의에 좇아 성실히 하여야 한다.

초상권 침해로 인해 타인에게 손해를 끼치거나 명예나 정신적 손해를 입히는 행위는 민법상의 손해배상 규정을 적용할 수 있다.

민법 제750조(불법행위의 내용).

고의 또는 과실로 인한 위법행위로 타인에게 손해를 가한 자는 그 손해를 배상할 책임이 있다.

민법 제751조(재산 이외의 손해의 배상).

①타인의 신체, 자유 또는 명예를 해하거나 기타 정신상 고

통을 가한 자는 재산 이외의 손해에 대하여도 배상할 책임이 있다.

정보통신망법

정보통신망 이용 촉진 및 정보 보호 등에 관한 법률(이하 "정보통신망법")은 정보통신망 환경에서의 이용 촉진 및 이용자를 보호하기 위한 법이다. 정보통신망법상 정보통신망을 통해 음란한 사진이나 영상 및 타인의 명예를 훼손하는 내용을 유통하는 행위는 금지된다. 이 규정을 통해서 초상권이 간접적으로 보호될 수 있다.

정보통신망법 제44조의7(불법정보의 유통금지 등).

① 누구든지 정보통신망을 통하여 다음 각 호의 어느 하나에 해당하는 정보를 유통하여서는 아니 된다.

1. 음란한 부호 · 문언 · 음향 · 화상 또는 영상을 배포 · 판매 · 임대하거나 공공연하게 전시하는 내용의 정보.

2. 사람을 비방할 목적으로 공공연하게 사실이나 거짓의 사실을 드러내어 타인의 명예를 훼손하는 내용의 정보.

성폭력처벌법

성폭력범죄의 처벌 등에 관한 특례법은 카메라 등을 이

용한 촬영 및 관련 조항을 두어 초상권 침해를 금지하여 간접적으로 초상권을 보호하고 있다.

성폭력처벌법 제14조(카메라 등을 이용한 촬영).

① 카메라나 그 밖에 이와 유사한 기능을 갖춘 기계 장치를 이용하여 성적 욕망 또는 수치심을 유발할 수 있는 사람의 신체를 촬영대상자의 의사에 반하여 촬영한 자는 7년 이하의 징역 또는 5천만원 이하의 벌금에 처한다.

② 제1항에 따른 촬영물 또는 복제물(복제물의 복제물을 포함한다. 이하 이 조에서 같다)을 반포 · 판매 · 임대 · 제공 또는 공공연하게 전시 · 상영(이하 "반포등"이라 한다)한 자 또는 제1항의 촬영이 촬영 당시에는 촬영 대상자의 의사에 반하지 아니한 경우(자신의 신체를 직접 촬영한 경우를 포함한다)에도 사후에 그 촬영물 또는 복제물을 촬영 대상자의 의사에 반하여 반포 등을 한 자는 7년 이하의 징역 또는 5천만원 이하의 벌금에 처한다.

③ 영리를 목적으로 촬영 대상자의 의사에 반하여 「정보통신망 이용 촉진 및 정보 보호 등에 관한 법률」 제2조제1항제1호의 정보통신망(이하 "정보통신망"이라 한다)을 이용하여 제2항의 죄를 범한 자는 3년 이상의 유기징역에 처한다.

④ 제1항 또는 제2항의 촬영물 또는 복제물을 소지 · 구입 ·

저장 또는 시청한 자는 3년 이하의 징역 또는 3천만원 이하의 벌금에 처한다.

⑤ 상습으로 제1항부터 제3항까지의 죄를 범한 때에는 그 죄에 정한 형의 2분의 1까지 가중한다.

개인정보 보호법

그 밖에 개인정보 보호법은 영상 정보 처리기의 운영을 제한하는 규정을 두어 개인정보인 얼굴 이미지를 보호하고 있다. 그러나 이러한 간접적 규율만으로는 디지털 환경에서 빈발하는 침해에 대응하기 어렵다. 특히 인공지능과 메타버스 환경에서 발생하는 권리 침해에 대한 명확한 법적 근거가 필요하다.

해외의 초상권 관련 법

미국의 경우 연방법상의 초상권 규정은 없으나, 주에 따라서 커먼로(common law)나 주별 성문법으로 초상권 및 퍼블리시티권에 관하여 규정하기도 한다.

뉴욕주는 당사자 동의 없이 이름이나 사진 등을 광고나 상업적 목적으로 사용하는 것을 금하는 규정을 두고 있다.

NY Civ Rights L § 50(2024)

§ 50. Right of privacy. A person, firm or corporation that uses for advertising purposes, or for the purposes of trade, the name, portrait, picture, likeness, or voice of any living person without having first obtained the written consent of such person, or if a minor of such minor's parent or guardian, is guilty of a misdemeanor.

그 외에 캘리포니아주는 CA Civ Code § 3344 및 § 3344.1에 당사자의 사전 동의 없는 초상의 상업적 무단 사용을 금지하고 있다.

독일은 기본법(Grundgesetz) 제1조 및 제2조의 인간 존엄성 및 일반적 인격권 보호 규정은 초상권 보호의 근거가 될 수 있다. 또한, 미술 및 사진 저작물 지작권법(Gesetz betreffend das Urheberrecht an Werken der bildenden Künste und der Photographie)은 동의 없는 초상 사용을 금지한다.

Gesetz betreffend das Urheberrecht an Werken der bildenden Künste und der Photographie

§ 22

Bildnisse dürfen nur mit Einwilligung des Abgebildeten verbreitet oder öffentlich zur Schau gestellt werden. Die Einwilligung gilt im Zweifel als erteilt, wenn der Abgebildete dafür, daβ er sich abbilden lieβ, eine Entlohnung erhielt. Nach dem Tode des Abgebildeten bedarf es bis zum Ablaufe von 10 Jahren der Einwilligung der Angehörigen des Abgebildeten. Angehörige im Sinne dieses Gesetzes sind der überlebende Ehegatte oder Lebenspartner und die Kinder des Abgebildeten und, wenn weder ein Ehegatte oder Lebenspartner noch Kinder vorhanden sind, die Eltern des Abgebildeten.

프랑스의 경우 민법 제9조(Droit à l'image)에서 사생활을 보호 규정을 두고 있으며 이 조항은 초상권 보호의 근거가 될 수 있다.

Code civil

Article 9

Chacun a droit au respect de sa vie privée.

Les juges peuvent, sans préjudice de la réparation du

dommage subi, prescrire toutes mesures, telles que séquestre, saisie et autres, propres à empêcher ou faire cesser une atteinte à l'intimité de la vie privée : ces mesures peuvent, s'il y a urgence, être ordonnées en référé.

국내의 퍼블리시티권 관련 법제

대한민국에서는 퍼블리시티권 보호에 관한 직접적인 명문 규정을 두고 있지 않으나 관련 법령과 판례를 통해 보호되고 있다. 대표적으로 부정경쟁방지법에 타인의 성명, 초상, 음성, 서명 등을 무단으로 사용하는 행위를 부정경쟁행위로 규정하고 있다.

부정경쟁방지 및 영업비밀보호에 관한 법률

제2조(정의) 이 법에서 사용하는 용어의 뜻은 다음과 같다.

1. “부정경쟁행위”란 다음 각 목의 어느 하나에 해당하는 행위를 말한다.

(중략)

타. 국내에 널리 인식되고 경제적 가치를 가지는 타인의 성명, 초상, 음성, 서명 등 그 타인을 식별할 수 있는 표지를 공정한 상거래 관행이나 경쟁 질서에 반하는 방법으로 자신의

영업을 위하여 무단으로 사용함으로써 타인의 경제적 이익을 침해하는 행위.

미국은 주별로 다른 법률로 퍼블리시티권을 보호하고 있으며 불법행위법(tort law) 또는 계약법에 기반한다. 캘리포니아에서 초상권에 준용하는 민법 제3344조는 퍼블리시티권의 근거 규정이기도 하다.

독일은 초상권과 퍼블리시티권을 모두 인격권의 범주에서 보호한다. 독일의 경우 초상권 보호의 근거 규정인 미술 및 사진 저작물 저작권법 제22조는 퍼블리시티권의 근거이기도 하다. 프랑스의 경우에도 초상권 보호의 근거가 되는 프랑스 민법 제9조는 퍼블리시티권의 근거 규정이기도 하다.

국내외 법체계에서는 초상권과 퍼블리시티권의 보호가 상당 부분 동일한 법에 근거를 두고 있다. 초상권은 인격권의 한 부분으로서 보호되는 경향이 있고 경제적 권리인 퍼블리시티권은 별도의 독자적 권리로 명문화되지 않은 경우가 많다.

참고문헌

「개인정보 보호법」.

「대한민국 헌법」.

「민법」.

「부정경쟁방지 및 영업비밀보호에 관한 법률」.

「성폭력범죄의 처벌 등에 관한 특례법」.

「정보통신망 이용촉진 및 정보보호 등에 관한 법률」.

California Civil Code.

Code civil.

Gesetz betreffend das Urheberrecht an Werken der bildenden Künste und der Photographie.

NY Civ Rights.

08
AI 기반 콘텐츠와 초상권 및 퍼블리시티권의 윤리

인공지능 기술에 의하여 인간의 초상과 음성, 행동 등을 정밀하게 재현할 수 있게 됨으로써 개인의 정체성과 이미지 활용의 경계가 모호해지고 있다. 초상 주체의 동의 없이 생성된 초상 콘텐츠는 초상권과 퍼블리시티권을 침해할 수 있고 인간의 존엄성과 관련한 윤리적 문제를 제기한다. 인공지능 시대에 인격적 가치와 기술의 조화는 중요한 과제다.

AI와 인재 채용?

인공지능 활용에 따른 문제

다양한 분야에서 인공지능이 활발하게 이용되고 그 활용성이 확대되는 가운데 인공지능과 관련한 법적 쟁점과 윤리적 문제가 제기된다. 특히 인공지능 기술에 기반한 초상 정보의 활용은 초상권 및 퍼블리시티권과 관련한 문제를 제기한다. 예를 들어, 실제 인물의 초상이 인공지능 생성물에 무단으로 이용될 경우 개인정보 침해, 인격권 침해, 경제적 권리 침해 등이 문제가 되는데 초상과 관련한 다양한 법적 문제와 함께 종종 윤리적 문제가 발생한다.

인공지능 콘텐츠와 초상권 및 퍼블리시티권

인공지능 생성 저작물의 개념과 법적 지위

인공지능 저작물은 인공지능 독자적으로 생성한 결과물 및 인공지능과 인간의 협업에 의하여 생성된 결과물을 말한다. 현재까지의 저작권법은 인간에 의한 창작물에 대해서만 적용되므로, 인공지능 생성물이 저작물에 해당하는지, 저작권으로 보호되는지, 저작자가 누구인지에 관한 새로운 문제가 제기되고 있다.

한국 저작권법상 '저작물'은 인간의 사상 또는 감정을

표현한 창작물을 말한다. 인간이 창작한 결과물이 아니라면 현재로서는 저작권법의 보호를 받을 수 없다. 하지만, 인공지능 기술에 의한 창작물이 증가하고 인간에 의하여 창작된 저작물 못지않은 고품질 창작물이 인공지능 기술을 기반으로 생성되고 있다. 인공지능 기술을 기반으로 한 생성물의 경우에도 인공지능 프로그래밍을 인간이 담당하고 인공지능 기술을 사용한 창작 과정에서의 인공지능과 사람이 협업을 하기도 하므로 그 결과물에 대한 저작권이 누구에게 귀속하는지의 문제가 발생한다. 따라서 인공지능에 의한 창작물에 관한 저작권을 둘러싼 논의가 진행되고 있다.

인공지능 생성 저작물과 초상권 및 퍼블리시티권의 교차점

인공지능이 실제 인물의 얼굴이나 목소리 등을 기반으로 결과물을 생성하는 경우 개인의 초상권 및 퍼블리시티권과 직접 충돌될 수 있다. 인공지능을 기반으로 생성된 결과물이 초상권 또는 퍼블리시티권을 침해하는 경우 법적으로 문제가 되는 동시에 윤리적인 문제도 제기된다. 인공지능 기술에 의하여 동의 없이 사람의 초상을 생성하는 경우 초상권과 퍼블리시티권 침해 문제를 넘어 정보 주체의 자기결정권 침해로 이어질 수 있다.

초상권과 퍼블리시티권의 윤리적 문제

초상권과 윤리적 의미

초상권은 한 개인이 자신의 초상이 무단으로 이용되지 않도록 가지는 권리로서 인격권의 하나다. 한국 대법원은 초상권을 인격권으로 인정하고 있으며, 초상권을 침해당한 자는 인격권에 기초하여 가해자에게 현재 이루어지고 있는 침해 행위를 배제하거나 장래에 생길 침해를 예방하기 위하여 침해 행위의 금지를 구할 수 있다고 판시한다(대법원 1997.10.24.선고 96다17851 판결, 대법원 2013.3.28.선고 2010다60950 판결 등 참조). 초상권은 신체의 정보를 보호하고 특히 대표적으로 사람의 '얼굴' 정보를 보호하는데, 디지털 시대에는 얼굴 정보가 중요한 개인정보의 하나라는 점에서 초상권의 보호는 중요하다.

초상권의 근거 조항의 하나인 헌법 제10조에서는 '모든 국민은 인간으로서의 존엄과 가치를 가지며, 행복을 추구할 권리를 가진다. 국가는 개인이 가지는 불가침의 기본적 인권을 확인하고 이를 보장할 의무를 진다'고 규정한다. 이 조항을 통해 인간으로서의 존엄과 가치는 태어날 때부터 부여되는 불가침적인 기본 인권임을 확인할 수 있고 국가는 개인의 존엄성을 보장할 의무를 가진다. 초상권 보호의 근거가 헌법 제10조라는 점에서 초상권을 보호하는 것은 인간의 존엄성을 보호하는 것이라고 할 수 있다. 즉, 윤리적으로 초상권은 개인의 존엄성을 보호하는 방편의 하나이고, 초상을 보호함으로써 인간의 존엄성이 실현될 수 있다고 볼 수 있다.

인공지능 기술을 통한 무단의 초상 생성 및 초상권 침해는 인간의 존엄성을 침해하는 것이고 한 개인의 인격을 침해하는 것이다. 따라서 인공지능 기술에 의한 초상 이미지의 생성은 인간의 존엄성과 관련한 중요한 영역을 훼손하는 행위가 될 수 있고 중대한 윤리적 쟁점으로 이어진다. 인공지능 기술에 의하여 동의 없이 무단으로 초상 이미지를 생성하는 것은 초상권 침해를 비롯하여 프라이버시 침해와 명예훼손 등 여러 윤리적인 문제를 발생시킨다. 특히 인공지능 학습 단계에서 초상 데이터가 어떻게 사용되는지의 투명성을 확보할 필요가 있고, 사후적인 동의 절차만으로는 권리 침해를 방지하기 어렵다. 따라서 기술 개발 및 설계 초기 단계에서부터의 데이터 거버넌스 체계를 마련하는 것이 윤리적 · 법적 대응의 중요한 부분이다.

퍼블리시티권의 법리와 경제적 가치

퍼블리시티권은 개인의 이름, 초상, 음성 등을 타인이 무단으로 상업적으로 이용하지 못하도록 제어할 권리다. 인공지능 기술을 기반으로 유명인의 초상을 무단으로 생성하여 사용하는 경우, 해당 유명인의 경제적 이익을 침해하여 퍼블리시티권 침해에 해당한다. 이뿐만 아니라 해당 유명인의 이미지가 반복적으로 노출됨으로써 이미지의 가치가 줄어들거나 이미지의 가치가 변형 또는 왜곡됨으로써 해당 유명인의 경제적 가치가 손상될 수 있다. 따라서 퍼블리시티권을 보호하는 것은 경제적 측면의 정의를 구현하는 방편이 될 수 있다는 점에서 퍼블리시티권의 보호는 중요한 윤리적 접근이 될 수 있다.

딥페이크 기술과 윤리적 문제

인공지능 딥페이크 기술을 통해 새로운 이미지를 생성하거나 실재하는 이미지를 고도로 정확하게 변조하는 것이 가능하다. 딥페이크 기술을 사용하여 유명인의 얼굴 이미지와 다른 사람의 행위 이미지를 조합하는 것이 가능하여 실제의 장면이 아닌 장면을 생성하는 것이 가능하다. 딥페이크 기술에 의한 이미지는 고도로 정밀하고 실재하는 이미지로 오인될 수 있어 초상권 침해를 비롯하여 명예훼손, 프라이버시 침해, 개인정보자기결정권 침해, 성적 자기결정권 침해, 정보통신망법 위반과 여러 가지 인격권 침해의 문제를 수반한다. 따라서 인공지능 딥페이크 기술로 인한 인격권 침해는 인공지능과 관련한 중요한 윤리적 문제가 되고 있다.

요컨대 인공지능 기술을 기반으로 한 이미지 생성 기술은 창작을 더욱 풍성하게 확대할 수 있는 반면, 개인의 초상권 침해, 개인정보 침해, 프라이버시 침해, 명예훼손, 경제적 권리 등을 침해를 가속화 할 수 있다. 따라서 인공지능 기술과 관련한 정보 수집 및 학습 단계에서의 법적 기준을 명확하게 할 뿐만 아니라 이미지 주체의 명확한 사전 동의, 정보 수집 및 사용의 투명성, 생성물 책임자의 명시를 통한 권리 귀속 및 책임 귀속의 명확화 등 윤리적 측면을 명확하게 할 필요가 있다.

참고문헌

김명식(2018). "인공지능과 환경윤리: 인공지능의 도덕적, 법적 권리". 《환경철학》, 25, 5~30쪽.

김종호(2018). "인공지능 시대의 윤리와 법적 과제". 《과학기술법연구》, 24(3), 155~205쪽.

목광수(2024). "딥페이크 기술의 윤리 문제와 대응 방안 모색". 《철학·사상·문화》, 46, 291~312쪽.

양천수(2011). “인격권의 법철학적 기초: 인격권의 구조·성장·분화”. 《법과 정책연구》, 11(3), 1139~1165쪽.
이상형(2016). “윤리적 인공지능은 가능한가?: 인공지능의 도덕적, 법적 책임 문제”. 《법과정책연구》, 16(4), 283~303쪽.

09
초상권 및 퍼블리시티권 보호 기술

디지털 기술의 발전과 SNS 등의 활성화로 인하여 무단으로 초상 정보를 수집, 이용, 변형하는 사례가 증가하고 이에 따른 위험이 확대되고 있다. 특히 인공지능 등 첨단기술의 발전으로 초상 정보가 대규모로 처리되는 환경이 조성되고 있으며, 이에 대하여 초상권 보호 기술의 적용과 그 중요성이 강조되고 있다.

AI와 기자?

디지털 환경에서 초상 침해의 유형

디지털 기술의 발달로 초상 이미지를 침해하는 다양한 기술이 등장하였다. 디지털 기술에 의한 초상 이미지의 침해 유형은 대표적으로 다음과 같은 방식이 있다. 허위 콘텐츠를 생성하는 유형은 인공지능 딥페이크 합성을 통해 실제 인물의 초상을 사용하여 허위 콘텐츠를 생성하는 방식의 침해다. 초상 데이터를 인공지능 학습 자료로 사용하는 유형은 SNS · CCTV 등에 공개된 이미지를 무단으로 수집하여 인공지능의 학습 자료로 사용하는 방식의 침해 유형이다. 그 밖에 실시간 얼굴 추적 유형 및 프로파일링 유형이 있고, 가상현실/증강현실(AR, Augmented Reality/VR, Virtual Reality) 환경에서 실제 인물의 이미지를 아바타 등의 이미지에 투영하는 유형의 침해가 있다.

초상 보호 기술

초상 침해에 대응하는 초상 보호 기술로는 얼굴 비식별화, 화상 난독화, 디지털 워터마킹 및 스테가노그래피화상 권한 관리 시스템, 인공지능 학습 데이터에서 얼굴 자동 제거 기술, 공개 이미지 데이터에서 얼굴 데이터 제거 또는 비식별화 기술 등이 있다.

얼굴 비식별화

얼굴 비식별화(Face De-identification) 기술은 영상 또는 사진 데이터에서 얼굴을 자동으로 탐지하여 얼굴 이미지를 흐리게 처리하거나, 모자이크 등의 방식으로 초상 정보를 처리하는 방식이다.

디지털 기술로 생성된 이미지나 영상 자료 중에서 얼굴을 비식별화함으로써 초상권을 보호할 수 있다. 얼굴 비식별화 기술에는 얼굴을 흐리게 처리하는 블러링 또는 마스킹 기법, 픽셀화(pixellation) 방식 등과 얼굴 대체(Synthetic Replacement) 기법, 적대적 공격(adversarial perturbation) 기법 등이 있다. 얼굴 비식별화 방식은 얼굴 정보를 비교적 간단하게 가릴 수 있으나 원본 정보를 손상하는 단점이 있다. 얼굴 대체 기법은 특정 인물의 얼굴과 유사하지만 실제 이미지가 아닌 다른 얼굴 이미지로 교체하여 개인정보를 보호할 수 있도록 하는 방식이다. 적대적 공격 기법은 인공지능이 얼굴 이미지를 인식하지 못하도록 특수한 패턴을 적용하지만 사람의 눈에는 이러한 변형이 감지되지 않도록 하는 방식이다.

비식별화된 얼굴 정보의 경우 유럽연합의 GDPR에 의하면 '완전한 비식별(irreversible anonymization)' 조치가 적용되어야 하고, 한국 개인정보 보호법에서도 비식별화된 정보의 재식별화가 금지되고 있다.

화상 난독화

화상 난독화(Video Obfuscation)는 영상 데이터에서 특정인을 식별할 수 있도록 하는 시각 정보를 기술적으로 처리하여 식별을 어렵게 하는 기술이다. CCTV, 드론 영상, 웨어러블 카메라, 자율주행차의 비전 시스템, 공공 모니터링 등으로 수집된 데이터에서 초상이나 차량 번호판 등 특정인을 식별하기 쉬운 정보 노출을 방지하는 기술이다.

화상 난독화 기술에는 가시적 난독화(visual obfuscation) 기술과 정보적 난독화(informational obfuscation) 기술이 있다. 이 가운데 가시적 난독화 기술에는 블러링(blurring), 픽셀화(pixelation), 마스킹(masking), 경로 추적 제거(track removal) 등이 있다. 정보적 난독화 기술은 영상 데이터에서는 식별 정보를 유지하지만 인공지능은 식별 정보를 인식하지 못하도록 암호화하거나 난독화 정보를 삽입하는 기술이다. 최근에는 인공지능 딥러닝을 기반으로 한 난독화 기법이 중요한 기술로 적용되고 있다. 이 기술은 GAN(Generative Adversarial Networks) 방식을 응용하여 얼굴의 특징을 부분적으로 그대로 유지하면서 식별할 수 없는 새로운 얼굴 이미지를 생성하거나 원래 얼굴과 유사한 이미지로 합성하는 방식이다.

얼굴 비식별화 기술 및 화상 난독화 기술과 재식별화 기술이 끊임없이 발전하고 있으므로 난독화된 얼굴 정보가 재식별화되지 않도록 기술적 관리, 발전이 필요하다.

디지털 워터마킹 및 스테가노그래피

디지털 워터마킹과 스테가노그래피 기술은 디지털 이미지에 초상권 소유 정보를 은밀히 탑재하여 무단 복제를 방지하여 권리를 보호하고 콘텐츠 유통 시 추적이 가능하도록 하는 등 개인정보 및 초상 보호를 위한 중요한 수단이다. 디지털 워터마킹은 저작권자 등 콘텐츠에 관한 정보를 나타내는 메타데이터(metadata)를 콘텐츠 내부에 탑재하는 기술로서, 콘텐츠가 복제·배포되는 경우 메타데이터를 통해 원본을 식별할 수 있다.

스테가노그래피는 정보 자체를 숨기는 기술로서 콘텐츠에 탑재된 정보를 제3자가 인지하지 못하도록 비밀 메시지를 삽입하거나 데이터를 숨기는 방식이다. 이 기술은 익명성을 보장하거나 콘텐츠의 출처 및 무결성을 검증하는 데 활용될 수 있다.

디지털 워터마킹과 스테가노그래피 기술은 초상 정보의 보호에 유용한 기술이다. 얼굴 이미지에 워터마크를 넣어서 초상 이미지를 무단으로 사용하는 경우 소유자를 추적할 수 있다. 워터마크 및 스테가노그래피 기술은 인공지능 콘텐츠 유통 시 투명성과 책임성을 보장한다.

화상 권리 관리 시스템

화상 권리 관리 시스템은 디지털 환경에서 개인의 얼굴 이미지 및 영상 등 초상 정보의 생성, 저장, 유통 권한을 통제하는 기술적 · 관리적 체계다. 전통적인 디지털 권리 관리(DRM, Digital Rights Management)를 초상권 보호에 적용한 것으로 인공지능 학습, 딥페이크 생성, 감시 영상 처리 등에서 개인 얼굴 정보의 무단 수집 · 사용을 방지하는 기술이다.

이 기술은 블록체인 기반의 스마트 계약, 분산 신원 관리(DID), 프라이버시 강화 컴퓨팅(Privacy-Enhancing Computation) 등의 기술과 융합하여 보다 투명한 초상 정보 관리 시스템으로 적용될 것으로 예상된다.

AI 학습 데이터에서 얼굴 자동 제거 기술

AI 학습 데이터에서의 얼굴 자동 제거 기술(Face Removal

from AI Training Data)은 인공지능 학습 데이터의 공개된 이미지 정보 가운데에서 얼굴 이미지를 탐지하여 삭제하거나 얼굴 이미지를 비식별화하는 기술이다. 이 기술은 개인 식별 정보를 탐지하여 삭제하거나 비식별 처리함으로써 개인정보 침해와 관련한 법적 문제를 방지하는 기술이다. 유럽연합의 GDPR, 한국의 개인정보 보호법, 미국의 생체 정보 보호법(BIPA) 등 개인정보 보호가 강화됨에 따라 인공지능 개발 과정에서도 비식별화 및 개인정보 수집 최소화 원칙이 적용되고 있으며, 얼굴 자동 제거 기술은 데이터 수집을 포함한 데이터 처리 과정에서 중요한 기술이다.

얼굴 자동 제거는 얼굴 탐지(Face Detection), 식별 가능 여부 판별(Re-identifiability Assessment), 제거 또는 비식별화(Removal or De-identification) 단계로 구분된다. 얼굴 탐지는 CNN 기반 알고리즘(Haar-cascade, MTCNN, RetinaFace 등)을 이용하여 얼굴을 정확하게 인식하는 단계다. 식별 가능성 판별 단계는 얼굴 이미지의 상태를 판별하여 해당 얼굴이 개인 식별 정보를 포함하는지 판단한다. 제거 또는 비식별화 단계는 데이터 중에서 탐지된 얼굴 이미지를 삭제하거나, 다른 합성 이미지로 교체하거나, 블러링 및 픽셀화 등의 난독화 기술을 적용하는 단계다.

그러나 이러한 기술들은 재식별 위험이나 활용성 저하라는 한계가 있다. 따라서 기술적 조치만으로는 완전한 보호가 어렵고, 법적 규율과 사회적 합의가 병행될 때 비로소 실효성을 가질 수 있다.

최근 기술 동향

최근에는 이미지를 그대로 유지하면서 식별 가능한 얼굴 정보만을 제거하는 방식으로 얼굴 이미지를 처리하거나 얼굴 외에 폭넓은 정보를 비식별화하여 더 안전하게 정보를 비식별화하고 있기도 하다. 이를 통해 데이터의 유효한 상태를 유지하면서 법적 위험성을 최소화할 수 있다.

참고문헌

김성훈·한기태(2016). "일반 카메라 영상에서의 얼굴 인식률 향상을 위한 얼굴 특징 영역 추출 방법". 《정보처리학회 논문지》, 5(5), 251~260쪽.

김순곤(2018). "가상화 기반 난독화 및 역난독화를 위한 코드 자동 분석 기술". 《한국정보전자통신기술학회 논문지》, 11(6), 724~731쪽.

백종일 외(2016). "의료 이미지 데이터의 비식별화 방안에 관한 연구". 《예술인문사회 융합 멀티미디어 논문지》, 6(6), 103~110쪽.

이정재 외(2023). “프라이버시 보호를 위한 얼굴 인증이 가능한 비식별화 얼굴 이미지 생성 연구”. 《정보보호학회논문지》, 33(2), 201~210쪽.
이진호·김태윤(2002). “ElGamal 함수를 사용하는 디지털 이미지 워터마킹 기법”. 《정보처리학회논문지》, 9(1), 1~8쪽.
임동혁·서용석(2022). “얼굴 생성 기술을 이용한 얼굴 비식별화 기법”. 《한국통신학회 학술대회논문집》, 1404~1405쪽.
지선수(2015). “LSB 기법 기반 최적의 이미지 스테가노그래피의 연구”. 《한국산업정보학회논문지》, 20(3), 29~36쪽.
최은정 외(2022). “인공지능 기반 얼굴이미지 비식별 기술 연구 동향”. 《한국통신학회지》, 39(12), 25~31쪽.

10
침해 없는 생성형 AI 활용

디지털 및 인공지능 환경에서는 영상 및 이미지 데이터의 활용이 급격히 증가하고 있고, 초상권과 퍼블리시티권 침해 위험성이 확대되고 있다. 인공지능 기술을 기반으로 생성된 정밀한 초상 이미지는 실제의 이미지로 오인될 가능성이 크므로 침해 문제가 더욱 심각하게 대두된다. 초상과 관련한 권리 침해를 최소화하는 인공지능의 활용은 인공지능 시대의 중요한 노하우다.

AI와 미래 의사?

침해 없는 인공지능 활용을 위한 조치

초상권 및 퍼블리시티권 침해 없이 인공지능 기술을 기반으로 초상을 사용하기 위해서는 다음과 같은 법적 조치와 기술적 조치가 필요하다.

사전에 명확한 동의 받기

인공지능을 활용하여 초상 정보를 이용하는 경우 인공지능 학습 데이터에 포함된 초상 정보 주체의 명시적인 사전 동의를 받음으로써 법적 침해를 방지할 수 있다. 초상권 침해 및 퍼블리시티권 침해는 초상의 사용 자체가 문제가 된다기보다 무단 사용이 문제가 된다. 따라서 초상을 사용하기 전에 초상 주체의 명시적인 동의를 얻음으로써 무단 사용으로 인한 초상권 침해 및 퍼블리시티권 침해에 해당하지 않고 초상을 사용할 수 있다. 개인정보 보호법에서도 정보 주체의 동의를 받은 경우 개인정보를 이용하는 것이 가능하므로 명시적인 사전 동의를 받는 것은, 침해 없이 초상 정보를 사용하는 근거가 될 수 있다. 초상 정보의 수집 및 이용 목적, 수집하려는 정보의 항목, 초상 정보의 보유 및 이용 기간과 이용 지역 등을 구체적으로 정하고 문서화하며 이러한 명확한 근거에 따라 정보 주체의 동의를 받아 초상을 사용하고, 사전에 동의된 범위 내에서 초상을 사용하는 경우에는 법적 문제에서 자유로울 수 있다.

초상의 사용 전에 명시적인 동의가 필요한 이유는 초상권 및 퍼블리시티권이 개인의 얼굴이나 이미지 등 개인의 정체성과 밀접한 관련이 있기 때문이다. 즉, 개인의 정체성과 관련이 있는 요소를 사용하기 위해서는 그 개인의 동의가 요구된다. 특히 초상권은 개인의 인격권의 하나이자 사생활과 직결되는 권리이고, 타인으로 하여금 자신의 초상을 사용할 수 있도록 할 것인지 여부를 적극적으로 결정할 수 있는 권리다. 현대 정보 사회의 디지털 미디어를 비롯하여 인공지능, 빅데이터 기술의 활성화로 초상을 포함한 데이터가 증가하고 초상 데이터의 활용이 확대됨에 따라, 초상의 사용과 관련한 명확한 사전 동의를 받는 것은 법적으로 필수적인 절차일 뿐만 아니라, 윤리적인 측면에서도 중요하게 요구되는 절차다.

'명확한 동의'란, 초상의 주체가 자신의 초상의 사용 여부에 대해 자발적인 의사를 표시하는 것을 의미한다. 이때의 동의는 초상의 사용에 대해 이의를 제기하지 않는 묵시적, 소극적인 동의가 아니라, 초상이 사용될 목적, 범위, 기간 등에 대한 명시적, 적극적인 동의를 의미한다. 또한 명시적 동의는 구두의 동의보다는 문서화 된

명백한 동의가 초상을 사용하는 사람이나 초상 주체 간에 분명한 동의의 의사소통이 성립하고 이후 법적 문제에 대한 명확한 근거가 될 수 있다.

유럽연합의 일반개인정보보호규정(GDPR) 제4조에 의하면 정보 주체가 본인과 관련된 개인정보의 처리에 대해 합의한다는 정보 주체의 희망을 진술 또는 명백한 적극적인 의사표시인 동의를 표하면 개인정보를 사용할 수 있다. 따라서 초상 정보의 사용에서도 초상 정보 주체의 명백하고 적극적인 의사표시가 있는 경우 법적 침해 없이 초상 정보를 사용할 수 있다. 한국 개인정보보호법상 '정보 주체의 동의'를 전제로 개인정보를 이용할 수 있으므로, 초상 정보도 개인정보에 포함된다고 볼 때, 초상 정보 주체의 동의가 있는 경우에 합법적으로 초상 정보를 사용할 수 있다.

초상 정보 주체의 동의는 적법한 초상의 사용을 위해 요구되지만, 초상이 정보 주체의 정체성과 관련하고 정보 주체의 인격에 관한 것이라는 점에서 정보 주체의 존엄성과 인격 및 가치를 존중하는 맥락에서 윤리적인 측면에서도 중요한 의미를 가진다. 정보 주체는 자신의 개인정보가 무단으로 사용되는 경우 정신적, 심리적, 사회적, 경제적 피해를 입을 수 있으므로 헌법 제10조 등을 비롯한 여러 조항에 근거하여 개인은 본인의 개인정보 사용 여부에 관한 개인정보자기결정권을 가진다. 따라서 초상에 관하여도 개인은 본인 초상의 사용 여부와 사용 범위 등을 주체적으로 결정할 수 있고 개인정보자기결정권의 범위가 초상 정보에도 적용된다.

초상의 사용에 관한 동의 과정에서 충분한 설명과 선택권이 보장되어야 하고 강제적 또는 반강제적 동의가 아닌 자발적 동의가 진행되어야 한다. 동의 없이 무단으로 초상을 사용하는 경우, 민사상 손해배상청구 및 명예훼손, 초상권 침해, 부정경쟁방지법 위반 등의 형사 처벌 대상이 될 뿐만 아니라, 침해자의 사회적 평판 훼손 및 대중적인 신뢰 상실이라는 위험이 수반된다.

초상의 사용 시 초상 주체의 명확한 동의를 얻는 것은 초상 정보 보호의 핵심적인 요인으로서 법적, 윤리적 문제를 보완할 수 있는 핵심적인 요건이다. 요컨대 초상 정보 주체의 명시적, 자발적, 적극적 동의는 디지털 미디어 및 인공지능 환경에서 인공지능 기술에 의한 자유로운 초상의 활용을 위해 필수적으로 요구되는 부분이다.

비식별화 및 초상 보호 기술 적용

인공지능 학습 데이터 가운데 얼굴 정보를 탐지하여 얼

굴 정보에 대해서만 블러링, 픽셀화, GAN 기반 합성 대체 기법 등으로 처리하여 식별할 수 없도록 처리하는 초상 보호 기술의 적용이 필요하다. 초상 정보의 비식별화 기술은 법적 보호 규정과 함께 초상 정보의 보호를 위한 필수적 요건이다. 초상 정보의 비식별화는 한국의 개인정보 보호법, 유럽연합의 일반개인정보보호규정(GDPR) 등에서 규정하는 개인정보의 보호 및 비식별화에서도 중요한 부분이다. 초상 정보의 비식별화 또는 난독화 기술로는 블러링 또는 마스킹, 픽셀화(pixellation), 모자이크 기법, 얼굴 대체(Synthetic Replacement) 기법, 적대적 공격(adversarial perturbation) 기법, 디지털 워터마킹과 스테가노그래피 기술, GAN 기반 얼굴 대체(Face Replacement using Generative Adversarial Networks), 특징 벡터 변환(Facial Feature Transformation), 차등 개인정보 보호(Differential Privacy) 기법 등과 기타의 다양한 기술들이 발전 중이다. 일부 얼굴 난독화 및 합성 기법은 완전한 초상의 비식별화를 보장하지 못하거나 역추적 또는 복원 가능성의 문제가 발생할 수 있다. 또한, 비식별화를 강조할 경우 초상 정보 가치의 유용성 및 활용성이 저하되는 문제가 있을 수 있다. 즉, 강력한 비식별화 기술을 적용하는 경우 원본 초상 정보의 손실이

클 가능성이 있고 이러한 초상 정보가 인공지능 데이터로 활용되는 경우 인공지능의 학습 성능이 저하되므로, 초상 정보의 보호와 초상 데이터의 유용성 확보 간의 균형이 중요하다. 따라서 초상의 이용 양상이나 이용 목적에 따라 다른 비식별 기술을 적용하는 것이 적절하고 초상 정보 활용 목적에 맞는 최적 기술 조합을 적용할 필요가 있다. 요컨대 초상 정보의 유용성을 살리면서 역추적되거나 재식별화되지 않도록 완벽한 비식별화를 통해 초상 정보의 유용성과 정보의 보호를 동시에 수행하는 기술의 적용이 중요하다.

이러한 원칙들은 단순한 지침이 아니라, 인공지능이 사회적으로 신뢰받는 기술로 자리 잡기 위해 필수적으로 요구된다. 따라서 개발자와 사업자는 권리 보호 원칙을 개발 및 설계 단계에서부터 내재화해야 하고, 명확하고 구체적 가이드라인과 제도적 장치가 동시에 마련되어야 한다.

참고문헌

김순곤(2018). "가상화 기반 난독화 및 역난독화를 위한 코드 자동 분석 기술". 《한국정보전자통신기술학회 논문지》, 11(6), 724~731쪽.

백종일 외(2016). "의료 이미지 데이터의 비식별화 방안에 관한 연구".

《예술인문사회 융합 멀티미디어 논문지》, 6(6), 103~110쪽.
이정재 외(2023). "프라이버시 보호를 위한 얼굴 인증이 가능한 비식별화 얼굴 이미지 생성 연구". 《정보보호학회논문지》, 33(2), 201~210쪽.
이진호·김태윤(2002). "ElGamal 함수를 사용하는 디지털 이미지 워터마킹 기법". 《정보처리학회논문지》, 9(1), 1~8쪽.
임동혁·서용석(2022). "얼굴 생성 기술을 이용한 얼굴 비식별화 기법". 《한국통신학회 학술대회논문집》, 1404~1405쪽.
지선수(2015). "LSB 기법 기반 최적의 이미지 스테가노그래피의 연구". 《한국산업정보학회논문지》, 20(3), 29~36쪽.
「개인정보 보호법」.
「대한민국 헌법」.
「부정경쟁방지 및 영업비밀보호에 관한 법률」.
「성폭력범죄의 처벌 등에 관한 특례법」.
「정보통신망 이용촉진 및 정보보호 등에 관한 법률」.
General Data Protection Regulation, GDPR).
Regulation (EU) 2016/679 of the European Parliament and of the Council of 27 April 2016 on the protection of natural persons with regard to the processing of personal data and on the free movement of such data, and repealing Directive 95/46/EC (General Data Protection Regulation).

노현숙

건국대학교 글로컬캠퍼스 교수다. 고려대학교에서 법학 학사 학위를, 동 대학원에서 석사 및 박사학위를 받았다. 고려대학교 법학연구원 연구교수로 재직하며 인터넷과 법, 정보사회와 법, 컴퓨터법 및 IT법 등을 강의하였다. 건국대학교 글로컬캠퍼스 KU글로컬혁신대학에서 4차 산업혁명과 법, 지적재산권 사례 탐구 등을 강의하고 있다.
주요 연구 분야는 초상권 및 퍼블리시티권, 인공지능을 비롯한 4차 산업혁명 기술과 미디어 관련 법적 쟁점으로, 관련 분야 다수의 학술논문을 발표하였다. 생성형 인공지능과 디지털 콘텐츠 환경에서 인격권 보호 및 퍼블리시티권 관련 법적 쟁점을 다루는 연구를 지속해 왔다. 방송통신심의위원회 방송언어특별위원회 위원을 역임하였으며, KBS 시청자위원회 위원으로 활동하고 있다.